JN267819

佛教大学教育学叢書

総合演習の基礎

田中圭治郎 編著

ミネルヴァ書房

本書は、佛教大学通信教育部テキスト『総合演習の基礎』に
もとづいて作成されました。

はじめに

　現在学校においては，いじめや不登校の問題が深刻化している。これらの問題を解決するためには，学校・家庭と社会が一体となって取り組む必要がある。とりわけ教員の資質能力の向上が，その重要な前提となることはいうまでもない。教育職員養成審議会・第一次答申「新たな時代に向けた教員養成の改善方策について」(1997年7月)では，今後とくに教員に求められる具体的資質能力とは，次の3点であるとする。

(1)　地球的視野に立って行動するための資質能力
　(イ)　地球，国家，人間等に関する適切な理解——(例)地球観，国家観，人間観，個人や地球や国家の関係についての適切な理解，社会・集団における規範意識。
　(ロ)　豊かな人間性——(例)人間尊重・人権尊重の精神，男女平等の精神，思いやりの心，ボランティア精神
　(ハ)　国際社会で必要とされる基本的資質能力——(例)考え方や立場の相違を受容し多様な価値観を尊重する態度，国際社会に貢献する態度，自国や地域の歴史・文化を理解する態度
(2)　変化の時代を生きる社会人に求められる資質能力
　(イ)　課題解決能力等に関わるもの——(例)個性，感性，創造力，応用力，論理的思考力，課題解決能力，継続的な自己教育力
　(ロ)　人間関係に関わるもの——(例)社会性，対人間関係能力，コミュニケーション能力，ネットワーキング能力
　(ハ)　社会の変化に適応するための知識及び技能——(例)自己表現能力（外国語コミュニケーション能力を含む。），メディア・リテラシー，基礎的なコンピュータ活用能力
(3)　教員の職務から必然的に求められる資質能力

(イ) 幼児・児童・生徒や教員の在り方に関する適切な理解──（例）幼児・児童・生徒観，教育観（国家における教育の役割についての理解を含む）
(ロ) 教職に対する愛着，誇り，一体感──（例）教職に対する情熱・使命感，子どもに対する興味・関心
(ハ) 教科指導，生徒指導等のための知識，技能及び態度──（例）教職の意義や教員の役割に関する正確な知識，子どもを思いやり感情移入できること，カウンセリング・マインド，困難な事態をうまく処理できる能力，地域・家庭との円滑な関係を構築できる能力

　この答申ではこれら3点のうち最初の「地域的視野に立って行動するための資質能力」を育てるため，「教職に関する科目」として新たに「総合演習」（2単位）を設ける必要があると述べられている。その理由として「人間尊重・人権尊重の精神はもとより，地球環境，異文化理解など人類に共通するテーマや少子・高齢化と福祉，家庭の在り方などわが国の社会全体に関わるテーマについて，教員を志願する者の理解を深めその視野を広げるとともに，これら諸課題に係る内容に関し適切に指導することができる」ことが必要なためであるとする。
　2001年4月より，教育職員免許法が改正され，「総合演習」が必須となった。本書では，教員をめざす者に対して，国際理解，環境，情報，福祉という4つの分野から，各自の資質能力の基礎を習得させることを意図している。
　次に「総合演習」と「総合的な学習の時間」の関係についてふれてみたい。「総合演習」は，「総合的な学習の時間」の指導法的内容にならないことは当然であるが，学習指導要領（小学校，平成10年12月）にも述べられているように，「各学校においては，……例えば国際理解，情報，環境，福祉・健康などの横断的・総合的な課題，児童の興味・関心に基づく課題，地域や学校の特色に応じた課題などについて，学校の実態に応じて学習活動を行うものとする」とあるように，各領域・分野のテーマの下で，「(1)自ら課題を見つけ，自ら学び，自ら考え，主体的に判断し，よりよく問題を解決する資質や能力を育てるこ

と」であり，またさらに「(2)学び方やものの考え方を身に付け，問題の解決や探究活動に主体的，創造的に取り組む態度を育て，自己の生き方を考えることができるようにすること」なのである。

　本書では，これらの趣旨の下で，教員志望の者が，自ら実践し自己変革することによって，より質の高い教員としての資質を培い，また，それを生徒指導に生かすことを意図している。この書を読み，理解し，各人が自分なりに人間理解のための問題設定をし，そしてそれを自分の頭で考え，実践することを祈念している。

　本書は，当初佛教大学通信教育部のテキストとして企画されたものであるが，内容的に世に問う必要性を痛感し，市販することにした。

　なお，出版に際しては，株式会社ミネルヴァ書房の杉田啓三社長と同編集部の浅井久仁人氏にお世話になった。感謝する次第である。

　　2004年3月

編著者　田中圭治郎

目　次

はじめに

第1章　国際理解教育

第1節　国際理解教育の理念……………………………………………2
第2節　異文化間教育の概念……………………………………………13
第3節　異文化間教育の可能性と前提…………………………………26
第4節　日本における国際理解教育・異文化理解教育の実践………42
第5節　国際協力の実践…………………………………………………51

第2章　情報化社会と情報教育

第1節　情報化社会とは…………………………………………………62
第2節　総合的な学習の時間「情報」をどのように教えるのか……72
第3節　情報教育における留意点………………………………………79
第4節　情報通信機器の学校教育現場への普及………………………88
第5節　情報通信機器を用いた教育のあり方…………………………96

第3章　環境教育

第1節　「環境」とは何か………………………………………………106
第2節　環境教育の歴史…………………………………………………118
第3節　環境教育の目的と場……………………………………………127
第4節　環境教育の実際…………………………………………………140

第4章　福祉教育

第1節　現代社会と社会福祉……………………………………156
第2節　社会福祉の歩み …………………………………………165
第3節　社会福祉の実践と方法…………………………………174
第4節　社会福祉をめぐる展開　Ⅰ………………………………183
第5節　社会福祉をめぐる展開　Ⅱ………………………………194

資料編　小学校学習指導要領（抜粋）
　　　　　中学校学習指導要領（抜粋）
　　　　　高等学校学習指導要領（抜粋）

第1章

国際理解教育

第1節　国際理解教育の理念

　国際理解教育は学校現場でよく耳にする言葉である。世界の国々の人々と仲良くする教育と一般的に受け止められている。ここでは，なぜそれが現在の日本の教育に求められるのかを，その意義と役割とを関係づけながら述べてみる。

1　ユネスコの国際理解教育の理念

　明治以降，わが国においては，欧米列強の植民地化を防ぐためにも国際性をめざす動きが不可避であった。さまざまな制度，組織が欧米化されていく。それとともに自分の民族文化への自覚が高まり，天皇制を中心とした国粋化の動きが生じる。これら2つの動きの拮抗のなかで教育内容も変遷をたどる。国際理解という視点での教育は，第1次世界大戦後の国際連盟成立後，教育現場で大幅に取り入れられる。外国理解という面では，欧米に関心が向けられた国際理解は，欧米の児童中心の教育観の流入とともに，わが国教育界に与えた影響は無視できないものがあろう。たとえばドルトン・プランの思想・実践は限られた学校とはいえ，日本全国に広まったことは事実であろう[1]。つまり，これらの動きは広い意味での国際理解であり，欧米の価値観に基づいた教育思想，実践を教育現場に取り入れることによって，欧米の文物を理解させることにつながっていく。大正自由教育と呼ばれる子ども中心の教育運動は，ある意味では国際理解を増進させたといえよう。しかしながら，このような国際理解は日本の大陸・東南アジア侵略とともにまたたく間に瓦解してしまう。その意味では，ムード的，中産階級的甘さがあったと批判されてもしかたがない面があったとともに，欧米崇拝の国際理解が，何ら抵抗なく，アジア蔑視への国際理解へと転化する精神的素地を，われわれ日本人自身がもっていることを意味している。

　第2次世界大戦終了後，自信を喪失した日本人は，国際社会で生きていくた

めには，新設の国際連合とともに歩むことがわが国の進むべき道であると確信した。教育に関していえば，ユネスコ（国際連合教育科学文化機関）憲章の精神に則って進めることが必須であると感じたのである。

　この機関の目的は，「国際連合憲章が世界の諸人民に対して人種，性，言語又は宗教の差別なく，確認している正義，法の支配，人権及び基本的自由に対する普遍的な尊重を助長するために教育，科学及び文化を通じて諸国民の間の協力を促進することによって，平和及び安全に貢献すること」である。

　この精神に基づいて，1952年ユネスコ第7回総会において，「世界共同社会に生活するための教育実験活動」が発足し，1954年から日本を含む15カ国の中等学校33校で具体的実践が始められ，1960年からそれらはユネスコ協同学校計画と呼ばれるようになる。1974年に出された「国際理解，国際協力及び国際平和のための教育並びに人権及び基本的自由についての教育に関する勧告」では，「国際理解，国際協力及び国際平和は，異なった社会的及び政治的制度を有する諸国民の間の友好関係の原則並びに人権及び基本的自由の尊重に基づいた不可分の一体をなすものとみなされるものとする」と述べられている。また，1985年の「学習権宣言」では，「もしわたしたちが戦争を避けようとするならば，平和に生きることを学び，お互いに理解し合うことを学ばねばならない。"学習"こそはキーワードである。学習権なくしては，人間的発達は有り得ない」と述べられている。

　しかしこれらユネスコの方針については，1974年の総会に参加した天城勲が「それまでのユネスコにおける国際理解の重点の変遷，各国の置かれた立場の違い，特定の理念の強調さらに当時の国際事情等と幅広く含めなければ成立しえなかった事情がある。したがって国際理解教育についてはきわめて包括的な観点に立っている反面，理論構造については必ずしも筋が通っていないうらみがある」[2]と述べているのは的を射た指摘であろう。とりわけいろいろなテーマを雑炊的に取り入れ，それを国際理解教育としたために論点がぼやけてしまったのも事実であろう。また，外国と仲良くしようという理念が先行し，時として実態がともなわない場合が多々あり，子どもたちには抽象的概念が与えられるのみで，国際理解教育という言葉が空洞化しやすいのである。それにもかか

表1-1 学校現場で取り扱われているテーマ

	1954-55年	1965-70年
人権の研究	19件（56％）	16件（14％）
他国・他民族の理解	13件（38％）	40件（35％）
国連の役割	2件（6％）	8件（7％）
総合的主題	0件（0％）	50件（44％）

（出所）永井滋郎『国際理解教育』第一学習社，1989年，53頁。

わらず，1987年には85カ国，1700校の初等・中等学校等で教育実践が行われているのは，ユネスコを中心とする国際理解教育が，その限界をもちながらも地道に努力を積み重ね，それが世界中の国々から一定の評価を得ているからだといえよう。

次にどのようなテーマが学校現場で取り扱われているかについて述べる。

表1-1を見ると，初期は人権の研究が過半数を占めていたが，時を経るにつれて人権，他国・他民族理解等を取り扱う総合的主題が中心となっていく。ユネスコの協同学校は，第2次世界大戦後の平和を追い求めたなかで，地球の人々がお互いに相手の尊厳を認めながら，相互理解，助け合いの精神を培うのを目的としてきたため，人権がその中心的なテーマとなったのは当然であるが，他国・他民族理解の教育内容の割合に変化がないのに比較して，人権問題の割合が減少していることに対して，その本来の精神が徐々に喪失していくのではないかと懸念される。

2　海外・帰国子女教育の教育問題

国際理解教育という考え方は，前述のように第2次世界大戦後日本がユネスコに加盟した後，各地のモデル校の実践のなかから生まれてきたものである。この考え方は，戦後，人々の平和指向の動きと合致し，徐々にではあるがわが国に定着してきたといえる。この動きは，日本人の平和愛好，つまり世界の人々と仲よくするという世界平和のための教育に貢献したことは事実であるが，国家間，国民間の関係改善に力点が置かれてきたことも事実なのである。だが，個人と個人との接触のないまま進められる場合が多々あり，時として抽象的，

理念的になりがちになり，深化が妨げられるときもあった。

　1960年代以降，海外滞在の日本人の数が増大するに従って，個人レベルにおける国際理解が切実に求められてくる。とくに子どもたちが現地の学校へ通うようになると，現地の文化への理解が求められるのはもちろんのこと，現地の人々に日本の文化を伝達することによって相互理解の必要性を痛感させられてくる。海外における児童・生徒たちが現地校にどのように適応できるかは，日本人の親たちに日本文化，さらに自己の内にある文化をみつめさせる機会を与えることになる。しかし，当初は経験的・体験的にその対応が考えられ，教育的対処が一般化されるまでには至っていなかった。

　また，海外子女が日本に帰国した場合，日本の学校の教師たちは，彼らの受け入れに頭を悩ます。一元的な価値観で子どもたちを拘束する日本の教育は，世界の国々の人々と単に仲よくするという皮相的な国際理解教育では対処できないものであった。帰国児童・生徒たちの悲痛な叫びのなかから帰国子女教育の必要性が認識され始めたのはいうまでもない。しかし，この段階においては，学問的，体系的に教育を把握するのではなく，個々のレベルにおいて，日本文化との摩擦をどのように少なくするかがその主眼点となっていた。その意味において，帰国子女の教育問題は，その質的向上が求められてくる。

　帰国子女の拡大とともに，受け入れ側の教師たちの意識が変革されてくる。さらにまた，海外の日本人学校，補習授業校の増大とともに，そこへ派遣される教師たちが異文化と接触し，その対応に悩む。彼らは日本で習得した国際理解教育を具体化する努力をするが，国際理解教育というテーマの下に行う教育は，現地理解教育にとどまるものも多く，2つの文化の相互交流を深める教育にはなかなかなりにくかった。すなわち，日本人がいかに現地の文化を理解し，摩擦を少なくするかに，その主眼点が置かれていた。また，帰国子女の教育においては，子どもたちが持ち帰った外国の文化の理解に教師たちは追われている。

　海外・帰国子女の数が増大するにつれて，教師，研究者の数も増え，異文化を単に知るだけでなく，理解しようとする姿勢が出てきた。つまり，現地の文化すなわちわれわれにとっての外国の文化を，日本の文化と同じ視点に立って

比較，検討することなのである。異文化を，一歩距離を置いて客観的に理解するだけでなく，自己の内部のものとして受け止めることである。つまり，偏見をもたずに異文化と接することがどのようにしてできるかである。国際理解教育が，国民ないし国の文化という点に重点が置かれているのに対し，異文化理解教育は，各人のもっている文化遺産に力点が置かれている。内なる文化が異文化とどう切り結ぶかが問題となろう。

　帰国子女が国内の学校に通学した場合には，さまざまな問題が生じている。中西晃は，帰国子女が学校のなかで仲間集団への同化を強く求められる理由として，「日本がいわゆる『単一民族国家』としての性格をもち，一元的な文化を中軸とする社会であることに起因している」のであり，日本社会においては，「異質的要素に対して不寛容であり，異質な日本人の存在を認めない体質」があるとしている。江淵一公も，「日本文化の同化圧力は具体的には『外国剝がし』という形をとって，日本文化のエージェントである学校の教師及び仲間を通して帰国子女に迫ってくる」のであると述べる。ここでは海外において身につけた貴重な外国の文化を学校教育のなかで生かすという雰囲気はない。

　しかしながら，星野命，新倉涼子による「海外帰国児童・生徒に関する小学校・中学校教師の意識調査」によれば，教師たちの間では，海外帰国子女の持ち帰った異文化体験，国際感覚，語学力という特性を，さまざまな体験発表の機会，あるいは活躍の場を与えることで生かすという意見が多かった。ところが，同じ調査のなかで，「客観的には，持ち帰った異文化体験を他の生徒へ還元してゆくことが，広い視野に立った学習を促進することであると認識してはいるものの，他生徒からの反感，異端児扱いを避けるために，できることならしたくない，という帰国生の気持ちがくみとれる」という結果が出ており，学級の友人たちの無言の同化への圧力が，帰国子女をそのような気持ちにさせている。帰国子女だけで日本の教育の国際化を果たすには限界があるだろう。さらに，この調査からわかることは，教師と帰国子女の意識のギャップがかなり大きいことである。日本人学校の場合と同様，教師の側の問題点が浮かび上がってくる。「日本語で考える力を十分身につけた日本人を育成しようとすることと，異文化体験を尊重し，保持しようとする教育の両立はむずかしいという

考えかた」をする教師が存在する。教師のなかには，江淵一公がいうように「異文化を許容する寛容さ，異文化に育つことの意味についての基本的認識が欠如した人があることは否定できない事実」なのである。

しかしながら，そのような事態に甘んじていたのでは日本の学校の国際理解・異文化理解教育は前進しない。中西晃のいうように，教師に対する研修（国内，国外）により，「教師の国際感覚と異文化認識を高めること」が今後いっそう教育現場に求められる。教師が自己変革することにより，帰国子女が自分がもっている異質な文化を友人たちに伝える気持ちになるのである。

3　日本における在日外国人の教育問題

現在，日本には日本国籍をもたない定住外国人が多数居住している。我々は海外・帰国子女教育問題を契機として，日本の教育が同質性・画一性・均一性を求めるものであることが認識されるようになる。しかしながら，自分たちの地域社会に住む異文化をもった人々に関心が払われることはなかった。ここでは在日韓国・朝鮮人の児童・生徒，中国からの帰国児童・生徒に焦点を絞り，何が問題であり，その解決はどうすればよいかを，われわれ日本人自身の問題として受け止めていきたい。

1　在日韓国・朝鮮人の児童・生徒

在日韓国・朝鮮人の児童・生徒の教育問題は，古くから存在した。ここでは大阪市外国人教育研究協議会（略称「市外教」）を取り上げることにより，われわれにとって外国人児童・生徒の教育とは何かを考えてみる。市外教は1972年，それまで存在した大阪市外国人子弟教育問題協議会（略称「市外協」）の「韓国・朝鮮人の子どもたちの実像を見ず，その非行対策，管理を重視する考え方」を批判して，在日韓国・朝鮮人の生活実態に学び，人間尊重の解放教育の精神で研究・実践を行うために設立された。その取り組みは，「本名を呼び，名のる」ことのできる学級・学校づくりである。日本人の子どもには，歴史をふまえた正しい韓国・朝鮮観を養い，差別をしない，許さない態度を育成し，

韓国・朝鮮人の子どもには，民族的自覚を育て，差別に負けない主体になるように指導することである。つまり，友達の思いを理解し，本名を呼べる日本人，民族差別に打ち勝って本名を名のる韓国・朝鮮人の両者が手を取り合って，共に学ぶ関係をつくっていくのである。

　市外教では，韓国・朝鮮人の子どもに，民族として自覚させるために民族学級をつくる運動を進めるとともに，教材として副読本『サラム』を作成した。サラムとは人間を意味しており，韓国・朝鮮の民話・音楽・生活・遊び等が取り扱われている。さらにこの副読本は，韓国・朝鮮人の児童・生徒の民族学習のためだけでなく，日本人児童・生徒の隣国の文化理解にも使用されている。

　教科書と『サラム』を併用することにより，従来の関東大震災・朝鮮戦争に関する教え方に対して，別の角度からそれらを考察する。関東大震災について教えるとき，それが単に天災にとどまらず，6000人もの朝鮮人が罪もなく虐殺されたという歴史的事実を認識させる。この事件以降，日本人と朝鮮人はおたがいに相互不信に陥った。ここでは，互いに信頼し合えるにはどのようにすればよいかを話し合うことが求められる。また，朝鮮戦争では，日本は「朝鮮特需」で潤ったが，朝鮮半島は南北で分断され親兄弟が離散するという悲惨な現実がいまでも存在しつづけていることを子どもたちに認識させる。『サラム——指導案集1』では，「他の民族の特性，文化，風習を正しく理解し，共感し，受容できる豊かな感性とたくましい力を育てること」に力点を置くことが必要であると述べられている。(9)

　韓国・朝鮮人理解教育の事例として，大阪市立田島中学校の実践を取り上げる。『サラム——生活編1』と生徒の作文等を使用して，「二つの名前」という授業がなされた。(10)この授業において在日韓国・朝鮮人生徒が日本名を名のっている状況を説明する。中学校では本名を名のらせることにより，民族の誇りを失わせないように指導しているが，在日の子どもを取り巻く状況を考えた場合，本名を名のることに困難さがつきまとう。そのためには，日本人も在日のもっている文化を認識し，両者が力を合わせて，偏見，差別を乗り越えることを授業の目標としている。またそのことが，部落差別，障害者差別，あらゆる差別

に目を向けることにつながるということに気づかせるのである。通名を使った方が，日本で生きていきやすいという厳しい差別の現実に目を向けさせ，在日韓国・朝鮮人も共に誇りをもって生きるということを考えさせるのである。

　この中学校の学級経営の基本は，教師が個を変革し，集団を引っぱるという教師主導型でなく，子ども同士が影響を与え合い，変革し，教師もともに歩むという，子どもに主体を置いた教育ということである。具体的には，班学習が行われる。各班で子どもたちが自分たちの考えを積極的に発言し，各人の悩みを打ち明け合い，お互いに理解し合う。日本人生徒にとって，在日韓国・朝鮮人生徒の家族が差別を受けた心の痛みがわかるとともに，日本人の差別の実態を客観的に知る機会となる。学校生活を通して，お互いの文化を理解し合い，在日韓国・朝鮮人生徒の民族意識，民族的自覚を高めるとともに，日本人生徒の意識の変革を求めるのである。大阪市生野区のように在日韓国・朝鮮人の児童・生徒の多い学校・地域社会では，このような両者の共生の可能性は高いかもしれないが，在日の子どもたちの少ない学校・地域社会で，このような両者の共生の視点からの教育実践を行うにはかなりの努力が必要である。われわれは，国際化，国際理解教育の必要性を感じつつ，大阪市でのこのような教育実践をあまり評価してこなかったのではなかろうか。

2　中国からの帰国児童・生徒

　中国からの帰国児童・生徒は，「中国引揚げ子女」と呼ばれており，学校現場で受け入れている子どもたちは「残留子女」「残留孤児」の孫の世代の人たちであり，彼らは国籍は日本であるが，中国語，中国文化のなかで生まれ育ち，異文化的要素をかなり濃厚にもった子どもたちである。彼らの両親は日本語がまったく理解できず，家庭での意思疎通の言語は中国語であり，また日本の習慣は祖父母から教えてもらうにとどまっている。

　中国の帰国子女児童受入校の一つ，神戸市立神陵台小学校を取り上げてみる。[11]この小学校では，1983年度から神戸市教育委員会の引揚者子女教育研究校，さらに1986年度から文部省の帰国子女（中国帰国孤児子女）教育研究指定校として，現在まで「中国引揚者子女と共に学ぶ国際理解教育」というテーマで教育

実践が積み重ねられてきた。

　国際理解教育というユネスコの精神を生かすとともに，「違いがあるものが共に生活することによって，互いに豊かな人格を形成できる環境に恵まれている，と受けとめ」，中国からの帰国児童・生徒との接触のなかから，一人ひとりの子どもたちの国際性を培うという精神が生かされている。すなわち，帰国児童と一般児童が共に助け合い，学び合うなかで，言語，思考と行動の様式，価値観の違いをお互いに認め合うことを教育の目標としている。教育的取り組みとして，①学級づくりを通して，②授業研究を通して，③神戸中華同文学校との交流を通して，の3つの取り組みをしている。

　①「学級づくりを通して」においては，単に帰国児童を考えるのではなく，生徒指導上の問題点といった広い問題の中で学級の一人ひとりが，「豊かな心」「自ら学ぶ力」を養うために帰国児童と接するのである。
　②「授業研究を通して」においては，日本語指導，国際理解教育を進めるのであるが，自分の考えをもたせ，友達の個性を理解し，お互い認め合う態度を培うことが求められる。国際理解教育が中国文化理解にとどまらず，一人の人間として相手をどのようにみるかといったより深められた教育実践となっている。
　③「神戸中華同文学校との交流を通して」においては，神戸市の中国人学校と交流することにより，帰国児童にとっては，かれらの「母国」の言語・文化に触れ，心が安定するとともに，一般児童にとっては，友達のもっている文化をこの交流により，より鮮明に理解することができる。国際理解教育が，帰国児童を媒介として，さらに自分たちの地域社会の外国人学校との交流を通して，体験的，具体的になる。一般児童にとっては，自分たちの身の周りに異文化が存在することを認識する貴重な機会を得るのである。

　同様なことは東京都練馬区立石神井小学校の実践でもいえる[12]。この小学校は，都の帰国子女受入推進学校の一つである。この場合の帰国子女とは，外国で教育を受けた日本人の児童である。この小学校では1991年，初めて中国からの帰

国子女の姉妹を受け入れた。日本語がまったく話せない姉妹に対してどのように対処したらよいかわからず，教師たちはとまどいをもって彼らを迎えた。この学校では二人の受け入れに対応して，(1)学校全体，(2)学級担任と学級の友達，(3)難聴言語学級，(4)地域社会の4つの取り組みをめざした。

(1) 学校全体での取り組みでは，全教職員による話し合いをもち，二人についての共通理解を図った。また，練馬区から，日本語の講師を派遣してもらい，その講師による日本語，日本文化の教授は効果があった。教師集団の取り組み，教育行政との連絡を密にすることなど，担任にすべての仕事を押し付けるのではなく，協力態勢が取られた。

(2) 学級担任と学級の友達の取り組みは，中国からの帰国児童を学級全体で受け入れるために，担任が児童の家庭訪問をし，各家庭との連携の下に信頼関係をつくることを意図した。学級では，「違った条件をもつ児童がいる場合，それが人を理解することにつながるという基本的姿勢」が求められる。

(3) 難聴言語学級は，「ことばの学級」であり，異文化をもった子どもたちのためのものではなかったが，日本語学習に大きな教育的効果があった。

(4) 地域社会の取り組みでは，区福祉事務所，学童クラブの存在は二人の帰国児童が学習するうえで良い結果をもたらしたが，ボランティア活動があまり活発でなく，地域社会でこれらの児童を受けとめるには不十分である。

石神井小学校の場合，神陵台小学校同様，教師，児童，両親を含めた学校全体で中国からの帰国児童を受け入れている。単に帰国児童に日本語教育を行うだけでなく，彼らを受け入れるすべての人たちが中国文化に対して理解をもつようになった。このことは，国際理解教育のより広範な，深い実践を意味している。なお，神戸市の実践の場合，従来没交渉であった地域社会と外国人学校との教育交流が行われ，地域社会での国際理解教育が行われたことは注目に値する。地域社会での多文化教育の可能性を探る一つのあり方であろう。

以上述べてきたように，国際理解教育は，歴史的変遷のなかでさまざまな意味をもってきた。単なる欧米志向の皮相的あこがれから，平和を希求する熱いまなざし，さらに自分の身の回りの異文化理解へと変化をとげてくる。これら

の変化のなかで，国籍に関係なく，一人ひとりの子どもの教育をどのように保障するかが大きな課題となっていく。さらに行政的な措置だけでなく，われわれ一人ひとりが相手の尊厳をどう認め合わねばならないかという，自己意識の問題，さらにそれは自己変革へとつながる問題なのである。国際理解教育は，自己がどのように生きるべきかという倫理性を含んだ教育の本質を具現する教育なのである。

注

（1） 田中圭治郎「日本におけるドルトン・プラン」『大谷大学哲学論集』No. 28, 1978年

（2） 天城勲「巻頭言――国際理解教育の視点」『日本国際理解教育会報』Vol. 1, 1991年，1頁

（3） 中西晃「異文化理解と海外子女教育」『異文化間教育』アカデミア出版，1988年，21頁

（4） 江淵一公「異文化に対する教師の姿勢」東京学芸大学海外子女教育センター帰国子女教育問題プロジェクト『国際化時代の教育――帰国子女の課題と展望』創友社，1983年，314頁

（5） 星野命・新倉涼子「海外帰国児童・生徒受け入れに関する小学校・中学校教師の意識調査」『東京学芸大学海外子女教育センター研究紀要』第2集，1983年，41頁

（6） 同上書，41頁

（7） 江淵一公，前掲書，314頁

（8） 中西晃，前掲書，24頁

（9） 大阪市外国人教育研究協議会編『サラム――指導案集Ⅰ』1993年，「はじめに」

（10） 秦敏子「韓国・朝鮮人理解教育の事例――真の仲間として　在日韓国・朝鮮人生徒の在籍する学校での国際理解教育の実践」『国際理解教育実践事例集』一橋出版，1991年，25-30頁

（11） 神戸市立神陵台小学校『けやき――職員研修記録』1993年，1頁

（12） 平井浩明「中国から初めて日本へ――ある中国帰国児童姉妹の記録　東京都練馬区石神小学校」中西晃・杉山光男・長谷川順義編『教室からの国際理解』ぎょうせい，1991年，51-111頁

（田中圭治郎）

第2節　異文化間教育の概念

　本節の目的は，異文化間教育の概念について詳述することにある。その際ドイツの異文化間教育学者ヴォルフガンク・ニーケ（Wolfgang Nieke）の著書『異文化間教育　日常における価値方向つけ』（*Interkulturelle Erziehung und Bildung Wertorientierungen im Alltag*' Leske＋Budrich, Opladen, 1995）を手がかりとして異文化間教育について考えたい。ニーケは，ロストック大学教授であり，現在のドイツの移民問題にみられるさまざまな文化同士の摩擦から，異文化間教育とはいかにあるべきかを真摯に考えた人である。彼の主張を辿りつつ，教育の場において異なった文化の人々が理解しあえるようにいかに努められるべきかを考究する。

1　課題設定

まずニーケが，彼の著書で取り上げている課題を提示しよう（S. 8-9）[1]。

(1)　異文化間教育に関する従来のドイツ語の議論を分析し，目標設定の形式化・基礎づけのための結果と，異文化間教育の実現へ向けた見通しのための結果を導き出すこと。
(2)　闘争に方向づけられた始点から，反対に出会いの始点へと異文化間教育を導き，そしてそれを強調し，異文化間教育を構成するところの普遍性形成の時代に即した概念へとつなぎあわせること。
(3)　文化相対主義の代表的立場——「あらゆる文化は等価値である」——は，確かに筋が通っており尊敬すべき立場であるが，教育学的な実践的行為においては貫徹され得ないということを明示すること。
(4)　文化相対主義から脱却した道を明示すること。そしてその点において

つねに含まれる，基礎的推定や基礎づけというヨーロッパ中心主義を，明瞭ならしめること。
(5) この脱却した道の一つ——討議形式におけるコミュニケーションの倫理学——を詳細に探究し，異文化間的闘争を解消するための方法的拡充を提案することによって，その倫理学を前進可能かつ受容可能ならしめること。
(6) 実効力のある模範的議論という道の実践可能性を，教育学的日常においてしばしば現れる文化制約的闘争に対して，明らかにすること。
(7) 不可避的ではあるが，啓蒙化されたエスノセントリズムの立場を——ヨーロッパ中心主義としての教育学者の状況に対して——基礎づけること。

以上がニーケの提示する課題であるが，本節ではニーケが最も危惧する文化相対主義の問題を取り上げ，そしてその問題点やその克服の手法を彼の主張に沿って紹介する。

まずニーケは，土着の人という多数派と移民という少数派との間で，不均衡・不平等が生じていることに着目し，その解消策を講じようとする。そして多数派と少数派とがいかにして責任感をもって理性的につきあうことができるかに焦点を当てている。しかしながらその際文化概念の規定から，「あらゆる文化は等価値である」という文化相対主義・価値相対主義の立場がしばしば生じる。この立場は文化人類学において顕著であり，ある意味で妥当性を有するが，ニーケによると，厳密に文化相対主義・価値相対主義の立場を徹底するならば，さまざまな文化間で生ずる価値闘争において教育学はなんら解決策を提示しえないことになる。ニーケは多文化社会を将来的にも永続的に存続すべきと考えているが，多数派と少数派とが隔離されるのではなく，両者が共同生活することを必要と考えている。そのために彼は，単なる文化相対主義・価値相対主義の立場を越えた規範を求めようとしている。

さて文化人類学の立場からみると，多くの文化の間において普遍性を見いだすことは断念すべきとされる。なぜなら文化と文化とを比較する尺度や，文化

の評価づけを行う尺度は，けっしてニュートラルなものではないからである。尺度というものといえども，不可避的に特定の文化から生じるものであり，そのような尺度で異文化を判定することは誤りを生じせしむる。したがって文化人類学は絶対的尺度を措定することを断念し，文化の比較検討ということも不可能であると考える。

　ニーケは文化について次のように述べている。第1に，文化はシンボルの体系であり，しかも恣意的モデルではなく，解釈・表現・方向づけのモデルである。第2に，さまざまな文化の人々との共同生活は，文化的・社会的葛藤なしに現れることはない (S. 46)，と。文化は世代から世代へと受け継がれるものであるが，思考構造・知覚構造・行為構造が同時に伝承されている。いわば文化は，生存している者が世界において方向づけられる日常知であり，ひとは日常知をもとに知覚し，行為している。われわれが生を営んでいる生活世界は，文化によって規定されたものである。生活世界はわれわれの通常の価値観を規定する確実的なものであり自明なものであり，それゆえ疑問にさらされることは滅多にない。しかし自分とは異なる生活世界に住む者との出会いや対決によって，われわれが有している価値観の自明性・確実性は疑問視される事態がしばしば生じる。また逆に他の価値観の人々に対して排他的行為をとる場合も生じる。次にこのような異文化間の接触についてニーケの論をたどる。

2　異文化との交わりについて

　異文化との接触に関してニーケは6つの場合を類型化している。第1が「敵対象」である (S. 69)。この立場はエスノセントリズムとされる。第2は，「移住者としての外国人の解釈モデル」である (S. 70)。ニーケによると，Ausländer（外国人）という言葉は，ドイツにおいて正しい語義において使用されていない。現在この言葉は語義どおりの「外国籍の市民」を指し示すのではなく，①出稼ぎ労働者，②難民，③亡命者の三者を指している。ドイツ人はこの三者がドイツ国籍を有しているか否かにかかわらず，彼らを「外国人」と呼び，彼らに対して距離感をもつ。場合によっては彼らの滞在の正当性が疑問

視され，帰国が促される。

　第3は「異質な者，競合的な者としての移民」である（S. 71 ff.）。まず移民は3つの点において異質に思われる。すなわち，理解不可能な言語を使用する点，異なる肌の色や衣服を有する点，そして別の生活圏域で暮らす点である。このような異質さとの出会いによって，ひとはまず不安を抱き，不安は不快へと転じる。複数の生活世界や文化の衝突によって，異質な文化が道徳的に誤っていると思われることさえある。しかし逆に，自己の生活世界を疑問視することによって，自分自身を修正しようという態度も場合によって生じる，いやむしろこの態度をニーケは重視する。「自己のアイデンティティーが形成される生活形式を問いに付す者は，自らの実存を問うている」（ハーバーマス）。ニーケは異質さとの交わりを3つに分類する。

　一つは「否定」であり，ここには移民の追放・同化・殺害が含まれる。二つ目は「逃亡」であるが，これは多数派によって意にされることはない。三つ目は，異質な者を当初考えられていたのとは違って，恐ろしくない者として認識することである。最初，不安・不快に思われていた者が，現実には恐ろしくない者として認識されるよう努められるべきであり，この方向に向けて教育は制度化されるべきとニーケは考える。またその一方で移民は異質であるだけでなく，「競合的」であるとしてもとらえられる。ドイツ人と移民とは，限られた財・住居・労働の場をめぐって競合している。

　第4に，ニーケは移民との交わりの4つの形式を，より詳細に論じている（S. 76）。①「同化要求」（Assimilationszumutung）は，移民が土着の人に完全に同化することを求める。同化によって差別は解消され，移民にも機会均等が保障される。②「追放/否定」（Vertreibung/Vernichtung）は強制帰国や移民殺害が含まれている。③「分離」（Segregation）では，移民と土着の者とは厳密に境界づけられる。確か，にここでは移民は否定されず承認されているが，土着の者と移民との間に接触はなく，移民や少数派は政治・経済の中心から排除されている。具体例として，ユダヤ人のゲットーや，南アフリカのアパルトヘイトなどがあげられる。④「移民の同権的参加」（gleichberechtigte Aufnahme der Zuwanderer）。同化要求への反論として，ヨーロッパ中心主義への疑問が生じ，

その結果「あらゆる文化は根本的に等価値である」という立場が現れた。この結果土着の者（多数派）と移民（少数派）との共同生活の新しい形式が展開されることになる。これをニーケは「多文化社会」(Multikulturelle Gesellshaft) と命名する。この新しい形式によって移民の文化的特殊性が保護可能となる。

第5に「闘争概念としての多文化社会」をニーケは論じている (S.81)。多文化社会は多くの者に驚きをもたらし, 単純に受容可能な目標として設定されるわけではない。ニーケは国家の性質として, 一民族が本質的な国家機能を占拠することによって残りの民族を支配する点をあげ, 少数派が言語・宗教・文化面で多数派と同等の権利を獲得するには困難をともなう, としている。そしてその結果「諸文化の闘争」(Kampf der Kluturen) がしばしば生じる。

第6「それにもかかわらず目標観念としての多文化社会？」(S.86)。ニーケは, 多文化社会には闘争的要素が内在するにもかかわらず, 多文化社会の実現を主張する。各々が自己の生活世界や文化観・価値観を必要以上に主張することを我慢すべきと彼は考える。そのうえで, 多文化社会は同化ではなく, 「統合」をめざすべきとされる。各々のグループは独自の文化的施設やアイデンティティーを放棄する必要はなく, さまざまな民族・文化・宗教グループが共通の政治的・経済的枠組みのなかで独自性を維持する。文化的生の多様性によって利益が生じるような社会が, ここで目標とされる。ニーケは多文化社会を二段階化している。第一段階は多文化社会という事実の受容である。第二段階は政治的・経済的領域における事実的平等性の追求である。その上で彼は, あらゆる社会が多文化社会になることは不可避であるとし, ヨーロッパの統合市場は多文化社会を要求していると考える。

3　文化相対主義と価値相対主義の問題点

多文化社会において維持されえぬものとして, まずユーロセントリズム（ヨーロッパ中心主義）が批判される。なぜなら歴史的にヨーロッパが世界を支配してきたし, また現在もヨーロッパ的価値観が世界を席巻しているからである。ユーロセントリズムは, 北西ヨーロッパで歴史的に発生した価値基準

（合理性・個人の自由・平等など）によって，他の文化を判定し，価値の優劣を判断する。ヨーロッパを中心としたエスノセントリズムは，唯一の直線的進化を信奉しており，多くの他の文化を進歩の後れた文化として，進歩の直線上に位置づける (S. 92)。しかしながら，発展・進歩・解放・自由・自己決定・個人の自律という普遍的尺度ですらヨーロッパの市民階級から生じたものに過ぎず，それらを他の文化にあてはめて善し悪しを決めるのはヨーロッパ人の傲慢である。それゆえ，あらゆるエスノセントリズムを排する立場，すなわち文化相対主義・価値相対主義の立場が現れることになる。文化は相互に異なっているので，絶対的な尺度を措定することは不可能であり，また自他を比較して善し悪しを決めることもはなはだしい越権行為である。それゆえ相対主義の立場から，「あらゆる文化は等価値である」という格率のみが唯一妥当するテーゼとして提示される。

　しかしながら，ニーケはこのような文化相対主義・価値相対主義の立場を批判する (S. 94)。なぜならひとは自己の確信の正当性を基盤としてのみ，ものごとをみて思考することができるのであるが，相対主義の立場はなんら正当性を提示することができず，その結果，破壊的状況を野放しにしかねない。そもそもわれわれ自身の文化によって刻まれた見方は不可避的に絶対的であり，この自己の価値観・世界観を承認することによって，異質な他者とのつきあいが可能となる。「不可知論的相対主義」から脱出するために，ニーケはエスノセントリズムの立場を不可避であるとして認容する。というのもニーケは相互理解のためには理性的な意思疎通が不可欠であると考え，この理性的意思疎通という理念は明らかにユーロセントリックであるからである (S. 95)。

　多文化社会における共同生活のためには，あらゆる文化が受け入れられ得る理想的状況を作り出すことが必要とされる。もちろん異質な者との出会いは，自己自身の価値観・世界観を揺るがすことになる。そこでニーケは自分自身の立場をも相対化できるようにならねばならないと考える。さまざまな価値観・世界観との対決によって，個人を慣習的アイデンティティーの偏狭さから成熟させ，普遍的価値視点への道が求められるべきとされる。ここでニーケは理性の力を信頼することによって一層高次で普遍的な価値スタンダードが獲得され

得るとしている（S. 99）。それゆえ文化相対主義の克服は可能であり，異質さや闘争は実り多き理想的状態への一ファクターと化す。彼は世界認識および社会的共同生活の形式を設立するために，唯一受容可能な原理として「理性」を信頼している。

そしてその結果，「政治的・教育学的課題としての永続的多文化社会における理性的共同生活にむけた多数派と少数派の準備」が可能とされる（S. 100）。ニーケは多数派と少数派とが理性的な共同生活を営むためにいくつかの道を提示する。まずは不当な競争相手という解釈モデルは破棄されねばならない。マスメディアや教育を通して，異質な者との接触は恐ろしいという考えが改められるべきとされる。さまざまな世界観が平等に併存し，国家は多元的に併存する世界観に対して中立的であらねばならない。そして同時に寛容さが必要とされる。多元化の発展とともに，個々人は他者の知識を受容できるように教育され，生活世界にではなく普遍的モデルに方向づけられるようにすべき，とニーケは考える。彼はこれを「抽象化能力への教育」と名づけている。

しかしながら現在，多数派が優位な立場にいることは事実であり，彼のいうような理想的社会が容易に達成される状況ではない。そして多数派のエスノセントリズムに対抗するために，しばしば不可知論的価値相対主義が最も有効に持ち出される。確かに文化相対主義・価値相対主義に従えば，普遍的尺度や疑いなき自明性・確実性は存在せず，その結果，自己の価値観は適切で他人の価値観は誤っていると判断するような傲慢な態度はなくなる。ニーケはこの不可知論的価値相対主義は，レヴィ゠ストロース（Caude Lévi-Strauss, 1908-　）のような文化人類学者や民族学者において顕著であるとする。観察した民族文化を北西ヨーロッパで妥当する尺度（合理性・個人の自由・平等など）で判断したがる学者たちは現に多い。しかし生活世界や生活形態の多様性を認めることは，さまざまな解釈モデルの承認から始められるべきである。その一方で現在の近代産業化社会によって，地理的に隔てられていた民族が出会うことになる。輸送やコミュニケーション的側面におけるこの傾向は，世界を単一な文化へともたらし，民族文化が有していた古い独自性を次々と破壊していく。レヴィ゠ストロースによると，古い独自性・固有性こそが，精神的で美的な価値観を付

与するものであり，人間的生に価値を付与する。多様性・相違性が保持されたまま，危険にさらされることなしに平等と親密さが人間を支配するという夢は幻想であるとされる。単一な世界文化は，自分にとって理解不可能で恐ろしい文化に対して拒否感を示し，破壊をもたらす。レヴィ＝ストロースは民族ごとに物質的距離感をとることによって，相互に寛容性が保たれるとしている（S. 110 f.）。

　しかしニーケはこのような文化相対主義・価値相対主義は，教育学において維持されえないと考える。なぜなら相対主義の立場に留まる限り，文化が互いに闘争状態に陥る可能性があるからだ。彼は多文化社会においては，理性的共同生活形式へと個々人が参加すべきであり，理性的な意思疎通の道を探るべきとする。この態度はユーロセントリズム（ヨーロッパ人のエスノセントリズム）に他ならないが，彼はこの意味でのユーロセントリズムを不可避的であるとして承認する。

4　普遍主義への道

　文化相対主義・価値相対主義を克服するために，ニーケはいくつかの道を提示している。
① 　人権契約（S. 116）
　人権という概念は普遍的妥当性を要求するが，歴史的には北西ヨーロッパでブルジョワ市民層が聖職者・貴族との戦いで獲得したものである。それゆえ西洋において把握された人権理念を非西洋文化に押しつけることには無理がある。そこでニーケは，人権に普遍的価値を読み取るのではなく，人権は契約されたものであるとする。人権という概念が北西ヨーロッパ由来であることは問題ではなく，国連人権憲章に各国が批准しているので，人権理念は契約的に合法化され，るとニーケは考える。
② 　人間学的普遍主義（S. 120）
　次にニーケは，人間の文化にはさまざまな相違にかかわらず妥当する普遍性があるとし，それを人間学的普遍主義と名づける。人間的なもの（Das Mens-

chliches）が超文化的に妥当し，あらゆる時代・文化・状況において通用する普遍性を有している。あらゆる道徳的価値は，文化や社会に依拠しない共通の源泉に基づいているのであり，内容的な相違にかかわらず同様の思考構造に基づくとされる。またあらゆる文化の発展は，同じような発展段階を通して行われるとされる。このような立場は発展史という立場につながるが，文化相対主義から脱却するためにはやむをえない，とニーケは考える。なぜなら文化相対主義は，文化的少数派の差別の強化につながるのではないかと心配されるからである。そしてこの人間像から物質的側面と倫理的側面の2つの進化論が導き出される。

③ 物質的進化論：進歩（S. 128 ff.）

この考えでは単一な人間の発展・進化がモデル化され，北西ヨーロッパが進化の最高段階ととらえられ，他の文化は遅滞的で進化の直線上に位置づけられるとされる（「発展途上国」）。物質的・技術的・経済的な高度成長によって可能とされた生活水準は，未発展の社会の成員によっても受容されうる。子どもの死亡・成人の識字化・通学・食料と飲料水の心配・医療行為・人格的自由という諸々の難題が，物質的進化によって解決される。しかし，物質的な進歩のみが他国にとってモデルたりうるのであろうか。逆に，物質的進化が核戦争の脅威をもたらすなど，人類の生存を脅かしているという懸念など，多くの問題点が残っている。

④ 倫理的進化論：人間性の進歩（S. 133 ff.）

次にニーケは，道徳的な面での進化論を提示する。ここでもあらゆる社会・文化の単一的発展というモデルが前提され，より良き状態をめざすものとされる。異文化間で葛藤は生じるが，その葛藤は理性によって解決され得る。ここでは西洋の理性観の伝統が前提されている。ニーケは土着的な文化における排他性・暴力性を消去し，理性的・合理的・論理的な思考態度を重視しようとする。これは他ならぬ啓蒙主義であり，ヨーロッパ的であるが，ニーケはこれを是とする。

⑤ 機能主義（S. 137 ff.）

ニーケは実質的ではなく形式的な価値を整備することで，文化相対主義・価

値相対主義を避けつつ多文化社会が維持されうると考える。定められた社会のルールを遵守し，各々の社会は他の社会に対して寛容ではなくてはならない。ここで提示される形式的価値とは機能的であり，さまざまな価値観・世界観の人々が共同生活するための条件である。彼が提示する形式的価値とは，①文化的価値の相違の承認，②議会制民主主義，③統一的通用語，④市場経済，⑤個人の自由であり，これらが全ての民族・文化によって必然的・不可避的なものとして承認されるなら，多文化社会は政治的に安定すると考えられる。このように文化や価値の相違に先行する形式的価値を承認することで，社会が機能化する。この形式的価値もまた西洋的であるが，ニーケはマックス・ヴェーバー（Max Weber, 1864-1920）を持ち出して正当化する。ヴェーバーによると西洋の合理主義は，世界発展における不可避的な産物である。西洋文化が世界を合理的に支配することはやむをえぬことであり，あらゆる文化人は西洋文化に対して関心を持たねばならぬとされる。

⑥　倫理的普遍主義（S. 144）

　それゆえニーケは，具体的・歴史的状況から独立し，特殊文化的に制約された道徳から独立した普遍的価値へと向かわねばならないとする。内容的実質的一義性ではなく，形式的一義性が求められる。各文化の構成員が空間的に隔離されて各々別々に生活するのではなく共同生活をするためには，共同のルールが必要とされる。そのルールこそが，近代社会の普遍的で理論的な説明原理であり，実践的規範的な正当化をもたらす原理であるとニーケは考える。個々の主体の行為が客観的世界の構造と矛盾・衝突を起こさないように，ルールを基礎づけることが求められる。価値の多元主義のために，抽象的な方向づけが探究されねばならないとニーケは考える。ニーケは，抽象的価値はグローバル（地球規模）で人類的に考えられた責任感あるものでなければならぬとする。彼によると規範は，ミクロな領域（家族・夫婦・隣人），中間的領域（国民政治），マクロな領域（人間性）とに分けられるが，いずれを考えるに際してもグローバルで人類的責任に基づかねばならないとしている。科学技術の拡張によって，特殊的・文化相対的なものの見方は通り越されて，全民族的・全人類的・全文化的に共通な問題が取り組まれなければならない。そのうえでさまざ

まな地球規模の諸問題に対して，人々は相互主観的に，そして連帯的責任感をもって対応することができるとされる。以上がニーケの基本的立場である。そして次に，相互主観的合意へ至る道として討議倫理学が提示される。

5　討議倫理学

　正しい行為とより善き生のために相互主観的合意に至らねばならぬとニーケは考え，その手法が合理的議論，討議倫理学とされる（S. 151）。先にも「議会制民主主義」が形式的価値としてあげられていたが，ここではコミュニケーション・討議という概念が考察の中心に置かれている。そして彼は文化相対主義・価値相対主義はもはや教育学では通用しないがゆえに，教育学は討議倫理学をめざすべきとしている。しかしここでもニーケは内容的な議論，つまりある文化の内容とある文化の内容とに優劣をつけ，一義的尺度を設けることを問題とするのではなく，形式的に合意することをめざすよう語っている。標語として，「より善き議論の束縛なき束縛」（ハーバーマス）がめざされるが，これは，討論に際してはいかなる束縛も持ち込まれてはならないが，討論の結果に対しては，討議参加者は皆，自己束縛的に同意せねばならぬという意味合いである（S. 152）。そして討議参加者には，探究されている規範・価値・解釈モデルが，けっして自明でも不可避でもなく，他の考え方や立場も可能であるという姿勢が求められる。他者が他の価値観を主張することや，意見の相違があるということを討論の根本に据えたうえで，各人は自分自身の価値観をコミュニケーション的に表象し徹底化する。そうして初めて意見の相違をコンセンサスにもたらし，他者の同意を獲得することが可能となる。そこでは討論への強制なく，機会均等的な参画が必要であり，そのためには2つの根本的条件が求められる（S. 154 f.）。一つは情報への平等な接近可能性であり，もう一つは万人の社会的承認である。このような規範的で制度的なインフラストラクチャーが達成されて，初めて強制なき討論が可能となる。討論の結果尺度が獲得されるが，それは超文化的なものではなく，文化束縛的なものである。したがって，討論の結果得られる尺度は普遍的ではないが，討論の形式そのものは普遍的で

なくてはならない。

　コミュニケーション的共同体という，機会均等で強制なき討論形式のみが唯一普遍的価値として認められる。討論という形式にのみ普遍性を求める態度はユーロセントリックであるが，ニーケは，文化・価値相対主義を克服するためにはこのユーロセントリズムはやむをえないと考える。そしてこのユーロセントリズムを「啓蒙されたユーロセントリズム」と名づけ，現在の多文化社会において通用するルールを提示する唯一の手法であるとしている。

6　結　語

　以上の論旨をふまえて，筆者なりのコメントを最後に述べたい。悪しき相対主義に向かう可能性のある多元主義を，単純に認めてしまうのではなく，理性的な討論形式という枠組みを維持する彼の態度は確かに説得力がある。そしてその態度を絶対化するのではなく，あくまでもユーロセントリズムであるとして自己の限界を認めている点も謙虚である。しかし彼が考えているほど，討論という形式が，説得的で有効性をもちうるのであるかどうかは疑問である。討論を拒否している過激なエスノセントリズムが想定可能であることはいうまでもなく，討論が得意でない文化も想定可能であろう。仮に討論形式にあらゆる文化の構成員が参加するとしても，やはり討論の得意なヨーロッパ人がつねに優位にあるのではなろうか。文化相対主義・価値相対主義という深刻な問題に対して，単に討議という形式的枠組みだけを提示するだけでは十全とはいえないのではなかろうか。しかし彼自身がいうように，相対主義から文化の相互闘争に陥らないためにとるべき道は，討論・対話という道しかみつからないということもまた現実である。

注

（1）　以下，*Interkulturelle Erziehung und Bildung Weltorientierung im Alltag*' Leske Budrich, Opladen 1995 からの引用・参照頁を記載する。

　　（ニーケの異文化間教育学を紹介した先行研究として，天野正治『日本とドイツ

教育の国際化』玉川大学出版部，1993年，天野正治編著『ドイツの異文化間教育』玉川大学出版部，1997年，天野正治・村田翼夫編『多文化共生社会の教育』玉川大学出版部，2001年，等があるが，これらでの紹介はニーケの多文化社会論が中心である。それに対して文化相対主義の難点や普遍主義への道，そして討議倫理学の重要性などについて本節では詳述した。）

［付記］　本節は，筆者が2002（平成14）年10月15日京都大学大学院教育学研究科・「比較教育学専門ゼミナール」で行った研究発表をもとに，加筆修正したものである。

　　　　　　　　　　　　　　　　　　　　　　　　　　　　（田中潤一）

第3節　異文化間教育の可能性と前提

　本節では，異文化間教育の可能性，とくに日本におけるその可能性を探求する。日本における異文化間教育の可能性を探求するに際して，日本文化の特性を明示したい。「異文化間」（intercultural, interkultuell）という語が，「相互・間」（inter）と「文化」（culture, Kultur）とから成り立っているように，ここでは相互の文化を尊重する立場が何よりも求められよう。確かに，今日のごとき高度な情報化社会によって世界が一元的にグローバル化され，国や文化の違いが希薄化しているのに，文化を語ることに意義を見出しにくいと考える人もいるかもしれない。しかし異文化間の相互理解においては，相手の立場を尊重し，自分自身の可能性とその限界・分限をわきまえるという謙虚さが何よりもまず求められるのではなかろうか。そのためにはまず自己（日本文化）の特性を熟知する必要があるのではなかろうか。教育哲学者の沼田裕之は，この問題に関して次のように述べている。(1)

　　こういう情報化された現代社会においても，ある一つの文化が，他の文化と異なった特徴を持っている，というようなことを語ることに意味があるのでしょうか。しかし，こうも言えるのではないでしょうか。ますます，国境などというものが無意味になりつつある現在であるからこそ，多くの異なった文化の様相を明確に理解しておく必要があるのではないか，と。と申しますのは，こういう時代に生きておりますと，自分の考え方は，あたかも世界中どこでも通用するような錯覚を持ってしまい，無意識のうちに，実は，自分が生まれた文化圏の中でしか通用しない考え方や感じ方などを，他の文化圏の人々に押しつけたり，他の文化圏での考えや出来事を，自分の狭い経験で判断してしまう危険があるからです。

　そして自文化を知るにはつねに他文化との「比較」という視点が求められよ

う。歴史学者の木村尚三郎は次のように述べている。⁽²⁾

> 例えば，フランスに住む，そして小学生が図画の時間に太陽を赤く画く，そうすると現地の子どもに，太陽は赤ではなく，黄色に決まっているではないかと笑われる。しかし太陽はあえていえば黄色か白であって赤ではない。太陽が赤いときは，朝と夕だけである。そこで初めて私たちが太陽に信仰をもっているんだ，朝日と夕日が大事なのだと気付く。彼等は朝日夕日は美しいと思っても昼間の太陽は黄か白に画く。このようなことは，すんでみないと分からない。したがって，何が自分の文化なのかということは他の人に接してみないと分からないわけである。

以上のように「比較」という視点を堅持しつつ，本節においては，日本文化について述べた論のうち，古典的な論，西田幾多郎（1870-1945），九鬼周造（1888-1941），和辻哲郎（1889-1960）の三者の論をみていきたい。本節では，異文化理解の前提となるべき日本文化についての理解を深める。自文化について熟知することが結果的に異文化理解につながり，また同時に己を知ることなく他者理解などは不可能である，という観点を堅持しつつ，日本文化について考えていきたい。

1　西田幾多郎
――日本文化の情的性格――

西田は「形而上学的立場から見た東西古代の文化形態」（1934年）において，西洋文化を有の文化，東洋文化を無の文化と定めている。ギリシア哲学・キリスト教を源泉にもつ西洋文化では有，すなわち「形あるもの，限定せられたものを実在と考えた，形相が実在と考へられた」（7巻430頁）。その最も特徴的な例がプラトンのイデア論である。キリスト教においても，「絶対に我々の知識を超越した」「絶対無限なる神の人格」（7巻430頁）が前提されており，この人格は「トーマスの云ふ如くそれは最も完全なる有でなければならない」（7巻431頁）。西洋文化が有を根底に置くのに対し，東洋文化は無の思想で特徴づけ

られる。西田は東洋をインド・中国・日本に大別し，まずインド文化では無の思想が宗教的に展開したとし，次のように述べている。「印度宗教は人格をも否定するものであつた。印度宗教を単に万有神教と考えるのは，私は当らないと思ふ。印度宗教の精髄に於ては，単に万有が神だといふのではない。それは万有をも否定するものでなければならない。それは絶対の否定即肯定を意味するものでなければならない。大乗佛教に於ては，色即是空，空即是色の思想に達したのである」（7巻437頁）。インドにおいて無の思想は宗教的に発展したのに対して，中国ではジッテ（人倫）として発展した，と西田はみる。中国文化の根底には「天とか道とか自然とかいふ考があつた」（同前）。「それは日月星辰の由つて運行する所，天地万物の根源にして又人道の本元である。天道と人道とは一である。それは社会的行為の底に考へられる自然の理であつた」（同前）。また老荘思想でも有神論的な神は考えられず，無が天地の始まりと考えられた。「無が天地の始と考へられるのである。無を天地の始と考へることは，知的対象の方向に考へられるのではなくして，行為の底に考へられるのでなければならない」（7巻447頁）。西田は中国文化の特性を，人倫性・礼教性にみようとする。

　無の思想を東洋文化として特徴づける西田はここで，インド文化を「知的」，中国文化を「行的」と大別したうえで，日本文化を「情的」と位置づける。「我国人の性情として外に我々を律するものを考へない。我国民の文化的生活は外に永遠のイデアを見て之に向ふというエロス的でもなかった，外に神の律法を受けて之を守るという宗教的でもなかった，又外に聖王の礼教を聞いて之に従ふという道徳的でもなかった」。「我等を律するものはイデアでもなければ，律法でもない，法律でもなければ，礼教でもない」（7巻443頁）。このように西田は日本文化を，ギリシア文化・キリスト教文化・中国文化とも区別したうえで，「情的」と名づける。では情的文化とはいかなる文化であるのか。西田曰く，「我国文化の特色はその情的なるにあると云ふことができる，外に永遠なるものを見るのではない，内に物から物へ移り行くのである，時を越えるのではない，時の中に動き行くのである」（同前）。他の文化が時間的・歴史的特性を越えた永遠なるもの（イデア・神・礼教）を措定するのに対して，日本文化は

時間のなかにおいて生成消滅する，流動的なあり様を重んじる。「情的なる日本民族の文化は時間的といふことができる。情は時間的に流れるものである」（7巻445頁）。

　ここで西田が情的性質を時間から導出する以上，彼が時間をどのように考えていたかを明らかにしておく必要がある。西田は時を「限定するものなき限定」（7巻449頁）と考える。時はつねに現在という点からのみ考えられる。「動く現在，自己自身を限定する現在から考へられる」（同前）。「過去未来といふものは，却つて動く現在から考へられるのである。現在はいつも幅を有つたものである」。「時の現在に於ては，過去は既に過ぎ去つたものでありながら未だ過ぎ去らないものであり，未来は未だ来たらざるものであるが既に現れて居ると考へなければならない」（12巻292頁）。このように時は現在的な限定を受けているが，限定といっても有形の限定ではない。「時の根底には限定せられた何物をも考へることはできない。若しさう云ふものが考へられるならば，時と云ふものは固定したものとならなければならない，動かないものとならなければならない。時は限定するものなき限定，無の限定として考えられるのである」（12巻352頁）。われわれは一瞬一瞬の時間的見地から世界をみる。みられた世界は現在という時間的な限定を受けてはいる。しかしその見地が束縛されるのではない。時間的経過とともに限定された世界観は絶えず動くことになる。時間には生動性・流動性という性格が本性上属している（時の非限定性）。その一方で，われわれは瞬間瞬間の現在性に立脚してのみ世界を洞察し得る（時の限定性）。「それは無限に動くものである，否形ありながら形なきものである。そこに情の文化といふものが考へられるのである。我国文化の本質はここに捕へられなければならない」（7巻450頁）。「時においては形なきものが形あるものを限定するのである」（7巻445頁）。ここにおいて西田が日本の情的文化を時間的性質から導出する所以が明らかになる。西田曰く，「情的文化は形なき形，声なき声である。それは時の如く形なき統一である，象徴的である。形なき情の文化は時の如くに生成的である，生命の如くに発展的である。それは種々なる形を受容すると共に，之に一種の形を与え行くのである」（同前）。たとえば俳句で言表されるのは刹那の一瞬からとらえられた世界観である。西田はこれ

を単なる刹那主義とするのではない。刹那において世界が客観的に表現されている。「真の瞬間は永遠に接するものでなければならない。柳は緑に花は紅の大乗佛教の真意は日本文化の如きものに於て見出されなければならない」（7巻450頁）。

われわれは一瞬一瞬に世界をとらえるが，「情は時間的に流れるものである」（7巻445頁）。けっして静的に，固定的にとどまることはない。その点において絶えず自己否定が求められる。「日本のそれ（＝芸術的直観）は時の底に時を否定する」（同前）。しかし，「時は単に一瞬一瞬に消え去るものではない，単に移り行くものではない」（7巻448頁）。時は限定するものなき限定であり，無の限定である。「一瞬一瞬が断絶的でありながら，同時に連続している。また，それは空間的観点から見れば，「永遠の今の自己限定」の世界である。すなわち，それは「永遠の今」が一瞬一瞬に自己を限定し，創造していく世界である。それでは一瞬一瞬があらたにして，しかもその一瞬一瞬が絶対的である(4)」。このような時間論から，西田は日本文化の情的性格をとらえている。

2　西田幾多郎
――「物の真実に行く」精神――

1934（昭和9）年の時点で西田は以上のごとく，日本文化を情的文化としていたが，1938（昭和13）年の「日本文化の問題」では若干論調を変えている。ここで西田は日本文化には「物の真実に行く」という精神がなければならないと考える。「私は日本精神を唯情意的として非論理的と考へ，神秘的と考へる如きは，却つて真の日本精神に遠ざかるものではないかと思ふ」（12巻350頁）。「事実は事実として動かすべからざるものであり，情は情として何処までも尊ぶべきであらう。併しそれが信念として我々の行為の立場となる時，それに概念的内容が入つて来なければならない。信念は単なる感情であつてはならない。苟もそれに概念的内容が入つて来るとするならば，それは何処までも論議すべきものであり，何処までも客観性を有つたものでなければならないであらう」（12巻335頁）。西田は日本文化が情的であることを依然認めてはいるが，それだ

けでは不十分であるとしている。ここにわれわれは西田における立場の変化を認めることができる。

　まず西田は，歴史的世界を主体と環境との相互限定にみている。「多と一との矛盾的自己同一として世界が世界自身を形成し行く所に，我々の生命があるのである。主体が環境を限定し環境が主体を限定すると云ふ。環境なくして生命と云ふものなく，生命なくして環境と云ふものもない。全体的一としての我々の身体は，個物的多として細胞的に自己自身を環境化し，環境を同化すると共に，環境を同化することによって形成せられるのである」(12巻313頁)。「歴史的世界の自己形成においては，主体が環境を限定し環境が主体を限定する，人間が環境を作り環境が人間を作る」(12巻327頁)。このように西田は，歴史的世界を主体と環境との相互の働きにおいてその成立根拠をみるのであるが，彼はまず西洋文化を「環境から主体への世界である」(12巻356頁)と考える。「環境から主体へ」とは環境の主体化，つまり主体によって自然をも含めた自分の周りの世界を把握し認識しようという態度のことである。この態度こそが西洋に近代的な科学文化をもたらした。(同時に人間による自然の支配，という弊害をも生みだしたのだが)。それに対して東洋文化は「主体から環境への世界」である。「主体から環境へ」とは主体の環境化，主体が自己自身を否定して環境になりきることである(12巻359頁)。そこには徹頭徹尾，主体の自己否定が求められる。自我を滅却して物になりきらねばならない。「我々は何処までも我を主張することによつて創造するのでなく，真に物となつて考え物となつて行う所に，創造するのである」(12巻377頁)。「私は日本文化の特色と云ふのは，主体から環境へと云ふ方向に於て，何処までも自己自身を否定して物となる，物となつて見，物となつて行うと云ふにあるのではないかと思ふ。己を空うして物を見る，自己が物の中に没する，無心とか自然法爾とか云ふことが，我々日本人の強い憧憬の境地であると思ふ」(12巻346頁)。

　日本文化は，同じ東洋文化のなかでもインド文化，中国文化とはやはり異なる。西田はここでも先程と同様に，インド文化は宗教的で，中国文化は礼教的とみなしている。「印度文化は何処までも主体の底へ，主体を否定した文化であつた。矛盾的自己同一的世界の主体が環境的に自己自身を否定すると云ふの

でなく，逆に主体が自己自身の底に自己自身を否定する方向に発展した文化と云ふべきであらう。回向返照の文化であつた。……印度文化は，……人間否定の宗教的文化であつた。それは真に無の文化と言い得るであらう」(12巻358頁)。このようにインド文化は無の文化の典型例ではあるが，同時に西田は「印度文化に欠けたものは，積極的な意志とか行動とかいうものであらう」(12巻368頁)といい，インド文化の欠点をも指摘している。また中国文化については「民族の社会組織を永遠なる人間性の発露と見た道徳的文化であった」(12巻358頁)と述べている。西田のみるところによると，中国では「民族の社会組織すなわち礼俗と云ふものを中心として発展した文化であつた。そしてそこに永遠なる人間性を求めたのであつた(その特色は政治的・道徳的であつた)。その周辺に之と対立して相克摩擦する雄大な文化がなかつた。そこには自己否定が起らない。純知性的な理論的発展に乏しい所以である」(12巻357頁)。

　西田は日本文化を「主体即環境，人間即自然」(12巻359頁)と考える。環境といっても単に自分の周りの世界のことをいうのではない。主体が主体自身の底を越え出る。「現実即実在と云ふことは，絶対を無限の外に考へるに反し，之を自己の底に見ると云ふことである。而してそれは世界を主観的に見ると云ふことでなく，自己が絶対的に否定せられること，自己がなくなると云ふことでなければならない」(12巻359-360頁)。自己否定，自我の滅却によって，われわれは物のなかに没する。「物となつて見，物となつて行ふ」(12巻346頁)。そして自己・主体は，世界という一般者の自己限定であるという自覚に至る。「日本精神の真髄は，物に於て，事に於て一となると云ふことでなければならない」(同前)。「すべての物を綜合統一して，簡単明瞭に，易行的に把握せうとするのが日本精神である。それが物となつて見，物となつて行ふ無心の境地である，自然法爾の立場である」(12巻347頁)。しかし，このような日本文化の立場は単に情的と見なされてはならない。単に情的にすぎぬなら，そこには科学的精神が含まれないことになりかねない。だが日本は明治維新以降，目覚ましい成長を遂げた。その成長は「情的」という性質のみでは解明されえない。やはり科学的精神が日本精神に含まれていたと考えざるをえない。西田は「物となつて見，物となつて行ふ」という態度には，情的のみならず科学的な性質

が内在しているとする。「物となつて考え，物となつて行ふ，我々が歴史創造に於て一となると云ふことには，どこまでも科学的と云ふことが含まれてゐなければならない，徹底的科学的と云ふことでなければならない。何処までも物の真実に行くと云ふことでなければならない」（12巻343頁）。「物の真実に行くと云ふことは，唯因襲的に伝統に従ふとか，主観的感情のままに振舞ふとかと云ふことではない。何処までも物の真実に行くと云ふことには，科学的精神と云ふものも含まれてゐなければならない。それは己を空しくして物の真実に従ふことでなければならない，言挙せねとは，我見を張らないと云ふことでなければならない，真実の前に頭を下げると云ふことでなければならない。それは唯考へないとか，妥協するとか云ふことであつてはならない。物の真実に徹することは，何処までも己を尽すことでなければならない」（12巻279-280頁）。西田はこのように主体が主体自身の底を越えるという自己否定を通して，物となってみることができるとするが，これは親鸞の「自然法爾」，道元の「柔軟心」，本居宣長の「物にゆく道」等，全てに該当する原理とされる。

3　九鬼周造
―― 自然・意気・諦念 ――

　九鬼周造は「日本的性格について」（講演・1937年）および「日本的性格」（1937年）において日本文化の特徴を論じている。まず彼は日本主義と世界主義・国際主義との関係について注目する。九鬼によれば一般に日本主義と世界主義とは往々にして相克すると考えられがちである。日本主義は「日本人の国民的自覚に基いて日本独特の文化を強調して，自己の文化的生存権を高唱する立場といふことができる」（3巻367頁）。一方の世界主義は，「自国を価値の絶対的標準といふやうに独り良がり〔独善的〕なことを考へないで自国以外の他の諸国の特色や長所をもそれぞれ認め，その正当の権利を尊重して人類共存を意図する立場である」（同前）。九鬼は一見相克するようにみえるこの2つの主義は，決して矛盾するものではないと考える。というのも，世界も日本も，自体的にそれだけで存立できないからである。九鬼は世界を一般，日本を個別と

みなし，一般と個別という論理的な相補的な関係がここでみられるとする。「およそ，一般といふものはただそれ自身で自己を現はすといふやうなものではない。一般は個別の中に現はれるのである。また個別は特殊な仕方で一般を表はさうとするのである」（3巻368頁）。九鬼はここである比喩を用いている。たとえば，一つの都市を人がさまざまな方角から眺めるとする。眺める者の位置によって，その都市は各々違った光景を現すことになる。東側から眺めた者が感じる光景と，西側から眺めたそれとは異なる。しかし都市自体は同一である。九鬼は，特定の方向から眺める仕方の一つが日本的性格ととらえる。「一つの都市を眺める日本人の国民的な独特な仕方が日本的性格であり，それを自覚するのが日本主義である」（3巻370-371頁）。それに対して，世界的性格については次のように述べられる。「自己の特殊な仕方の外にも他の多くの仕方のあることを知って，そして各々違った立場から眺めてゐるものが同一の都市であることを認めるのが世界主義である」（3巻371頁）。九鬼は，この日本的性格と世界的性格とはけっして矛盾するものではなく，整合的・相関的に融和しあうとする。九鬼は特定の文化に対立した，あるいは特定の文化を超え出た，世界文化などという抽象的産物を主張するのではけっしてない。そのような理念は非現実的でナンセンスである。論理的にいえば，一般は具体的個別のなかに自らの姿を顕現させるべきである。「現実としては各国の特色ある文化の中に綜合的に世界的文化が見出されるのである。文化は歴史的に風土的に個別化されて一定の規定の下に成立するものであって，それらが集まって一般的な世界文化を綜合的に産み出すのである」（3巻370頁）。「各国の文化の特殊性を発揮することによって世界全体の文化が進歩するのである。個別を強調することによつて一般が光るのである。部分を力説することによつて全体が輝くのである」（同前）。

　もちろん「日本」は個別であり部分である。しかし，その特殊性は世界文化の発展に寄与するはずである。日本という個別と，世界という一般とが相関的に発展する。それゆえ九鬼は，日本と世界とが調和しつつ発展する原理を，「日本主義的世界主義または世界主義的日本主義」（3巻399頁）と述べている。日本文化の特性を自覚してその可能性・限界を熟知するとともに，世界の他の

文化のよい点を受け入れる度量をもっていなければならない。

　九鬼は日本文化の特徴を，西田の情的文化という考えを踏まえたうえで，次の3つに集約する。それはすなわち「自然」「意気」「諦念」である。

　まず第1に，九鬼は「自然」が日本的性格の重要な点とする。一般に，西洋においては人間的自由と自然とは対立的に考えられている。文化（culture）が自然（nature）と対義語であることからも，西洋では自然にポジティブな位置が与えられることは少ない。しかし日本では事情が異なる。「凡そ物は，理にきとかかることは，いはば死たるがごとし。天地とともにおこなはるるおのづからの事こそ，いきてはたらく物なれ（賀茂真淵）」（3巻379頁）。日本では言葉でさまざまに論じ合ったり，人工的に手を加えたりするよりも，自然のまま物事の性情を保つのが良いとされてきた。道徳的にも同じことがいえる。われわれの自然な心情から道徳が出てくるのが良いとされる。「ことさららしいことを嫌つておのづから自然なところを尊重する。自然なところまで行かなければ道徳が完成したとは見られない」（3巻381頁）。「日本の実践体験では自然と自由とが融合相即して会得される傾向がある」（同前）。

　第2に九鬼は，「意気」をあげている。「意気」とは九鬼の言によれば，「理想を高くかかげてその理想の実現のためには一身を賭すといふ気概である。気迫である」（3巻383頁）。自ら志を高くもち，自己の理想実現のためには努力を惜しまない。人にへつらうことなく，時流におもねることなく，高邁な理想を胸に抱き続ける。このような意気は，古来武士道精神のように数多くみられた。九鬼はこの意気を日本的性格の二番目にあげている。

　そして第3に「諦念」があげられている。「諦念，諦め，あつさり，さつぱりしたところが日本的性格として日本文化の一特色をなしている。実践上でも物にこだはらない，思ひ切りがいいことが貴ばれる」（3巻386頁）。九鬼は，この「諦念」を法然上人の言葉を引用して解説する。「われらが解にて，ほとけの本願をはからひしる事は，ゆめゆめおもひよるまじき事なり。ただ心の善悪をもかへりみず，罪の軽重をもわきまへず，意に往生せんとおもひて口に南無阿弥陀佛ととなへば，こゑについて，決定往生のおもひをなすべし。その決定によりて，すなはち往生の業はさだまるなり。かく意えればやすきなり

(『往生大要抄』)」（3巻385頁）。われわれが極楽往生できるかどうかは，人智によって量り知ることができるはずはない。人間の知恵とは存外に貧しく限られている。それよりもむしろ往生したいという信心・信仰の契機が重要である。細々とした知識にこだわらずただ信ずればよい。さらに親鸞は『歎異抄』で，たとえ地獄に落ちようとも，念仏した上でのことだからやむをえない，後悔はない，とまでいっている（3巻386頁）。このような潔いあきらめという心的態度が日本人のなかにはある。

　さて九鬼は，この自然・意気・諦念という3つの特徴が，神道・儒教・佛教という各々に対応する由来をもっていると考える。さらに九鬼は，自然・意気・諦念の三要素，あるいは神儒佛の三教は互いに排斥しあうのではないと考える。「発生的見地からは神道の自然主義が質料となって儒教的な理想主義と仏教的な非現実主義とに形相化されたと云ふやうにも考へられる。さうしてそこに神儒佛三教の融合として国民精神が涵養され日本文化の特色を発揮したと見られるのである」（3巻387頁）。ここで注目すべきは九鬼が神道を質料とみなしていることである。神道が根本的土台となって，その上に儒教・佛教が融合せられたとされる。確かに儒教も佛教もそれ自体完結した宗教であるはずであり，容易に他の宗教と融合する余地をもつはずはない。神道という日本独自の包容力のある宗教を基盤としているとする考えはきわめて適切であろう。「質料の中にもともと形相が潜んでゐてそれがおのづから発展し自己創造して行くと共に自己に適合したものを外部からも摂取するのである。理想主義のあらはれの意気といふことと，非現実主義のあらはれの諦念といふこととは〔儒教とか佛教とかいふ〕外来的な文化によってはじめて新たに付け加へられた性質ではなく，既に神道の自然主義の中に萌芽として含まれてゐたものが次第次第に明瞭にあらはれ来て，それと同時に外来的ではあるが自己に適合した要素として儒教や佛教の契機をも摂取し同化したのであると考ふべきである」（3巻387-388頁）。九鬼は神道の自然という考えのなかに，意気や諦念という考えの萌芽がすでに内在していたことを，詳細かつ文献的に論じている（3巻389-392頁）。そして自力精進の精神である意気と，他力本願を本質とする諦念とは，お互い否定的契機として弁証法的に綜合されうると結論づけている（3巻

392-393頁)。

　九鬼は最後に若い人々への提言として，何でも良いから一つ純粋に日本的なものへの愛を培ってほしいと述べている。もちろん，柔道・剣道・和歌・俳句などが理想的なのはいうまでもないが，うどんや豆腐を食することでも良いといっている。「どんな小さいことでもかまはぬ。どんな小さなことでもそれは日本文化全体の影を宿してゐる。日本文化の一つのかけらを愛することはつまりは日本文化全体を愛することである。小さいことから次第に大きいことへと及ぼして行けばよい。それ故に何でもいいから純日本的なものへの愛を吹き消さないで大事に育てて行つていただきたい」（3巻397頁）。

4　和辻哲郎
――「しめやかな激情」あるいは「戦闘的な恬淡」――

　和辻哲郎はその著『風土　人間学的考察』（1935年）において，日本の風土的特性を明らかにしている。和辻は，時間性から現存在分析を行ったハイデガー（Martin Heidegger, 1889-1976）に対抗して，時間性のみに依拠する探求を批判し，時間と空間とが不即不離であることから人間存在を考える。「人間存在の構造をただ時間性としてのみ把握しようとする試みは個人意識の底にのみ人間存在を見いだそうとする一面性に陥っている」[6]。人は確かに一方では個人であるが，他方では人々の結合である共同態において生きている。「人間存在は個人的・社会的なのである」。個としての人間は，同時に社会のなかでも生きる者として考えられねばならない。「人間とは「世の中」自身であるとともにまた世の中における「人」である」[7]。さて，和辻は時間性のみならず空間性を重視する。時間・空間は人間にとって歴史性・風土性として現われる。和辻は歴史に対する風土性の優位を説く。なぜなら「主体的人間の空間的構造にもとづくことなしには一切の社会的構造は不可能であり，社会的存在にもとづくことなしには時間性が歴史性となることはない」[6]からである。和辻によると歴史的存在としての人間は，つねに風土的な負荷を有せざるをえない。われわれの心的な態度（愉快・寂しい・爽やか等）も，人間の風土的特性に多くを負ってお

り，われわれの人間存在に迫るものとして思惟されねばならない。われわれの衣食住が風土的規定を受け，われわれの存在自身もまた風土的規定を受けている。「風土の型が人間の自己了解の型である」[(8)]。このように和辻は人間存在における風土的特性の重要性を力説したうえで，東アジア・南アジアを「モンスーン」，西アジアを「沙漠」，ヨーロッパを「牧場」と大別する。「モンスーン」にはインド・中国・日本が含まれている。

　和辻はモンスーン地域では「陸に住む人間にとって，湿潤が自然の恵みを意味する」(30頁)。「だから人と世界とのかかわりは対抗的ではなくして受容的である」(31頁)とする。その一方でモンスーンは大雨，暴風，洪水，旱魃という「自然の暴威」となって人間に襲いかかる。その自然の威力は絶対であり，「人間をただ忍従的たらしめる」(31頁)。和辻はモンスーン地域の人間の特徴を「受容的・忍従的」ととらえるのだが，日本の風土もこの類型に含まれる。ただし日本には，同じモンスーンでも他の文化とは異なる点がある。和辻はこれを「台風的性格」と名づけている（162頁）。第1に，日本に特徴的である台風は，時期としては定期的にやってくるのであるが，突発的性格を有する。この「季節的・突発的」という性格が日本の風土を大きく培っている。第2に，日本では熱帯と寒帯とが混在している。強い日光と豊富な湿気がなくては育たない稲のごとき，熱帯に特徴的な植物もあれば，寒気と少量の湿気という条件で生育する麦のごとき，寒帯に特徴的な植物もある。和辻はこの「熱帯的・寒帯的」という性格も日本的であるとする。

　まず日本におけるモンスーン的受容性に関して，熱帯的・寒帯的の二重性格がみられる。「四季おりおりの季節の変化が著しいように，日本の人間の受容性は調子の早い移り変わりを要求する。だからそれは大陸的な落ちつきを持たないとともに，はなはだしく活発であり敏感である。活発敏感であるがゆえに疲れやすく持久性をもたない。しかもその疲労は無刺激的な休養によって癒されるのではなくして，新しい刺激・気分の転換等の感情の変化によって癒される」(163頁)。確かに日本人は，寒帯的に静かに感情をこらえて持久し続けるのではない。日本人は変化を好む。だからといって熱帯的に自分の感情を情熱的にいつまでも追い求めるのでもない。活発ではあるのだが，疲れやすく飽き

やすいのである。それゆえ，つねに新しい刺激を求めたがる。そのような移り変わりの中で，感情は逆説的に持久する。「感情は変化においてひそかに持久するのである」(163頁)。したがってモンスーン的受容性は，日本人においては熱帯的（活発さ）と寒帯的（逆説的な持久性）の二重性格を有する。

　第2に，モンスーン的受容性は，「季節的・突発的」である。日本人の感情は「単に季節的・規則的にのみ変化するのでもなければ，また単に突発的・偶然的に変化するのでもなく，変化の各瞬間に突発性を含みつつ前の感情に規定せられた他の感情に転化するのである。あたかも季節的に吹く台風が突然的な猛烈さを持っているように，感情もまた一から他に移るとき，予期せざる突発的な強度を示すことがある。日本の人間の感情の昂揚は，しばしばこのような突発的な猛烈さにおいて現われた」(163-164頁)。確かに機械的な規則性をもって，感情が移りゆくのではない。そこには突発性ともいうべき予測不可能性がある。しかし日本人のつねとして，一つの感情に執拗に固執することは嫌われる。次へと移りゆくことが求められる。その点において季節的である。突発性と季節性との二重性が受容性に内在している。

　また，モンスーン的な忍従性も日本において独自の現れ方をする。まず第1に，熱帯的・寒帯的という特色をまた有する。「単に熱帯的な，従って非戦闘的なあきらめでもなければ，また単に寒帯的な，気の永い辛抱強さでもなくして，あきらめでありつつも反抗において変化を通じて気短に辛抱する忍従である」(164頁)。モンスーンの自然の威力は人間に忍従を強いるのだが，日本の場合台風という独自の自然環境が顕著である。台風は長期的ではなく短期的である。したがって持久的に辛抱する必要はない。一時的な災いであるがゆえに，台風は日本人に持久的な辛抱ではなく，「あきらめ」という態度をもたらした。しかし単にあきらめるだけではない。普段穏やかな自然環境に住む日本人にとって，台風は戦闘的な気分をかき立てる。戦闘的気性とあきらめという一見矛盾する態度が，日本人のなかに綜合的に内在する——そして，その端的な例がヤケ（自暴自棄）であるとされる。和辻によれば，このような日本人の忍従性は熱帯的かつ寒帯的である。

　第2に，日本人の忍従性はまた，「季節的・突発的」という独自性を有する。

和辻曰く,「単に季節的・規則的に忍従を繰り返すのでもなければ,また単に突発的・偶然的に忍従するのでもなく,繰り返し行く忍従の各瞬間に突発的な忍従を蔵しているのである。忍従に含まれた反抗はしばしば台風的なる猛烈さをもって突発的に燃え上がるが,しかしこの感情の嵐のあとには突如として静寂なあきらめが現われる」(165頁)。日本人の忍従性として,「きれいにあきらめる」ことや「思い切りのよいこと」「淡白に忘れること」等が美徳と考えられてきた。この美徳は季節的・規則的ではない。突発的な決断をともなう忍従である。この突発性は台風のような猛烈さにたとえられうる。しかしその突発性・猛烈性に執拗に止まることは,決して日本人は好まない。一つの感情にいつまでも固執することは良しとされない。次の感情へと静かに恬淡と移り行かねばならず,この点において規則的・季節的である。和辻は,「季節的・突発的」な特性が日本人の忍従性に内在しているとする。

和辻は以上のように,日本人の受容性・忍従性には,「熱帯的」と「寒帯的」,そして「季節的」と「突発的」という,通常であればけっして調和するはずもない二律背反的な二性質が,独自の形態において綜合されている。この弁証法的な綜合を和辻は,「しめやかな激情,戦闘的な恬淡」(166頁)と名づけ,日本の国民的性格であるとしている。「「しめやかな激情」とは,しめやかでありつつも突如激情に転じ得るごとき感情である。すなわち熱帯的な感情の横溢のように,単調な激情をつづけて感傷的に堕するのでもなければ,また湿っぽく沈んで湧き立たない感情でもない」(185頁)。「日本の人間の特殊な存在の仕方は,豊かに流露する感情が変化においてひそかに持久しつつその持久的変化の各瞬間に突発性を含むこと,及びこの活発なる感情が反抗においてあきらめに沈み,突発的な昂揚の裏に俄然たるあきらめの静かさを蔵すること,において規定せられる」(166頁)。

5 結　語

戦前の日本文化論には以上見てきた西田,九鬼,和辻のほかに,三宅雪嶺(『真善美日本人』),志賀重昂(『日本風景論』),岡倉天心(『茶の本』),新渡戸稲造

(『武士道——日本の魂』),内村鑑三(『代表的日本人』)らが知られている。また戦後ではルース・ベネディクト(『菊と刀』)や中根千枝(『タテ社会の人間関係』)らが有名である。今日日本文化論を論じること自体に疑義を呈する向きもあるようだが,やはり自文化について熟知することは不可欠ではなかろうか。国際社会で真に相互理解・意思疎通を果たすためには,うわべだけの表層的な交流ではなく,人間存在の内奥までをも視野に入れた哲学的見識が求められる。安易に自己と他者とを同じ次元に立脚可能であると同一化してしまうのではなく,自己の可能性・限界を十全に反省し,また同時に他者の可能性・限界を学び取る。安易な同一化ではなく,距離をもって他者と接することこそが,成熟した国際人のつきあい方であり,結果として真の国際理解に寄与するのではなかろうか。

注
（1）沼田裕之『国際化時代　日本の教育と文化』東信堂,1998年,19頁
（2）森隆夫・高野尚好編『国際理解と文化・伝統の尊重』ぎょうせい,1988年初版,1991年第11版,21頁
（3）西田幾多郎の引用は『西田幾多郎全集』(岩波書店,1979年,第3刷)から巻号と頁数のみを記載する。
（4）小坂国継『西田幾多郎　その思想と現代』ミネルヴァ書房,1995年,54頁
（5）九鬼周造の引用は,『九鬼周造全集』(岩波書店,1981年)から巻号と頁数のみを記載する。なお表記上,旧字体は一部改めた。
（6）和辻哲郎『風土　人間学的考察』岩波文庫,1979年第1刷,平成5年第28刷,19頁
（7）同『人間の学としての倫理学』岩波全書,1934年第1刷,1995年第69刷,20-21頁
（8）同,前掲『風土』27頁。以下頁数のみあげる。

（田中潤一）

第4節　日本における国際理解教育・異文化理解教育の実践

　第1～3節において，国際理解教育・異文化理解教育の理念・概念について述べてきた。このような考えのもとで，学校現場ではどのような実践がなされているかについて述べてみる。小学校学習指導要領および中学校学習指導要領（1998〔平成10〕年12月）では，総則第1の2「道徳教育は，教育基本法及び学校教育法に定められた教育の根本精神に基づき，人間尊重の精神と生命に対する畏敬の念を家庭，学校，その他社会における具体的な生活の中に生かし，豊かな心をもち，個性豊かな文化の創造と民主的な社会及び国家の発展に努め，進んで平和的な国際社会に貢献し未来を拓く主体性のある日本人を育成するため，その基盤としての道徳性を養うことを目標とする」と述べられ，道徳教育に「国際社会に貢献する」ことが求められている。各学校段階の人間形成に「国際性」が強調されている。さらに小学校学習指導要領「国語」の「第3　指導計画の作成と各学年にわたる内容の取り扱い　3の(2)コ　世界の風土や文化などに理解をもち，国際協調の精神を養うのに役立つこと」や，「社会」の「第2　各学年の目標及び内容」の〔第6学年〕，「2　内容(3)　世界の中の日本の役割について，次のことを調査したり地図や資料などを活用したりして調べ，外国の人々と共に生きていくためには異なる文化や習慣を理解し合うことが大切であること，世界平和の大切さと我が国が世界において重要な役割を果たしていることを考えるようにする」と述べられ，各教科内容のなかで「日本と世界の関係」を学習することが求められている。これは，中学校や高校でも同様に「国際性を学習する必要性」が認識されている。

　次に，「総合的な学習の時間」のなかで国際理解教育が各学校段階でどのように取り扱われているかについて述べてみる。小学校学習指導要領では，「国際理解に関する学習の一環としての外国語会話等を行うことは，学校の実態等に応じ，児童が外国語に触れたり，外国の生活や文化などに慣れ親しんだりす

るなど小学校段階にふさわしい体験的な学習が行われるようにする」ことであり，中学校学習指導要領では，「各学校においては，……例えば国際理解，情報，環境，福祉・健康などの横断的・総合的な課題，生徒の興味・関心に基づく課題，地域や学校の特色に応じた課題などについて，学校の実態に応じた学習活動を行うものとする」のであり，高等学校学習指導要領では，「各学校においては，……地域や学校の特色，生徒の特性等に応じ，例えば，次のような学習活動などを行うものとする。ア　国際理解，情報，環境，福祉・健康などの横断的・総合的な課題についての学習活動，イ　生徒が興味・関心，進路等に応じて設定した課題について，知識や技能の深化，総合化を図る学習活動，ウ　自己の在り方，生き方や進路について考察する学習活動」である。

このように国際理解についての学習は，小学校・中学校・高校で求められているのであるが，この学習は一つの教科だけでとどまるのではなく，複数の教科にまたがるものであり，かつ受身的ではなく能動的なものであり，人間一人ひとりが主体的に取り組むものである。

国際理解をテーマとして，さまざまな視点から，一人ひとりが自分で考え，自分で方向性を見出すものといえる。大学での「総合演習」の授業と，小学校・中学校・高等学校の「総合的な学習の時間」とは，必ずしも一致するものではないが，後者の授業を紹介することにより大学での総合演習の一つの足がかりとすることが可能であると思われるので紹介する。

1　人と文化の視点から
――群馬県富岡山市立一ノ宮小学校における「総合的な学習の時間」――

一ノ宮小学校では，表1-2に示すような「夢・人・里の時間」を作成している。「人と自然」「人と社会」「人と文化」を基本的な視点（自己の生き方を考える視点），「国際理解教育」「情報」「環境」「福祉」「地域の発展」「食と健康」「文化・伝統」「人権」を具体的な視点として，内容が整理されている。「国際理解教育」は，「人と文化の視点」から「他の国の言葉をはじめ，人々や文化に進んで親しもうとする」や「他の国の人々との交流を通して，お互いの

第1章 国際理解教育

表1-2 夢・人・里の時間

『夢・人・里の時間』
目標・内容・評価の系列表
「夢を求めゆ人に学び里に生きる」

富岡市立一ノ宮小学校2001年度版

夢・人・里の時間の目標

○具体的な活動や体験を通して、地域や身近な自然・社会・文化にふれ、自らの課題を見つけ、見通しをもって課題に取り組む意欲を育て、学び方や方を調べ方の技能を身に付け、仲間とともに協力して生活の向上を目指し生活をよりを図ろうとする力を育成する。

自己の生き方を考える視点		中学年の具体目標	高学年の具体目標
人と自然	環境	○身近な地域のもの・人・ことに興味や関心をもち、そこから課題を見つけ、自分なりに適した方法で解決しようとする。	○地域や身近な自然・社会・文化に興味や関心をもち自分たちの解決にすすぐな課題をつかみ、有効な方法を選んで解決しようとする。
	食と健康	○身近な地域を選んで調べ、そこからか得たことを自分なりの方法で表現しようとする。	○身近な地域やそこに住む人々とかかわる中で、より効果的に情報を活用して調べ、そこから得たことを自分なりに工夫して表現しようとする。
	人権	○自分の身近な地域とそこに住む友だちや地域の人々、自分の生活に生かそうとしたり、協力して、それを広く周囲に知らせようとしたり、自分の生活に生かそうとしたりする。	○自分の身近な地域とそこにかかがわり、その一員としてお互いに生かをはじめ地域の人々と協働して、よりよい地域にするために行動しようとする。
人と社会	福祉	①自分たちの生活と地域の環境との間には様々な関連性があることに気付き、できる範囲で環境保全のために努力しようとする。	①環境を考慮した生活を見直し、関連性について考えながら、身近な環境の保全に積極的に取り組もうとする。
	情報	②健康的な生活に必要な事柄や食の問題に関心をもち、それを生活に生かす習慣・態度を身に付ける。	②健康を維持するために、よりよい食生活を実現しようと実践的な態度を身に付ける。
	地域の発展	③自分の身の回りには、様々な人々がふれあう機会があることに気付き、身近な人と互いに理解しようとする。	③自分たちの生活で、人々の支え合いや助け合いから成り立っていることを通して、他者への尊敬の気持ちをもつとともに、人権が尊重される社会の実現に努力しようとする。
人と文化	国際理解	④周囲の人々には、時にお年寄りや温かい気持ちで接しようとする。	④お年寄りや障害をもつ人々との交流を通して、思いやりの気持ちをもつとともに、高齢化社会の担い手である自覚をもつ。
	文化伝統	⑤身の回りの情報を正しく選択し利用することとともに、情報機器を適切に活用しようとする。	⑤いろいろな情報を選択し活用するとともに、自分の考えを効果的に伝えるために、情報機器を積極的に利用しようとする。
		⑥地域の人々が抱えている課題に気付き、自分なりに協力できることをしようとする。	⑥様々な問題に気付き、自分の考えに基づいて、解決のために努力することができる。
		⑦郷土の歴史や文化、先人の業績について興味・関心をもち、大切にしようとするとともに、他の国の言葉や文化に親しもうとする。	⑦日本の歴史や伝統・文化について学び、お互いの文化を尊重し、大切にしようとするとともに、国際問題について考えを深めようとする。
		⑧地域に残る文化的な施設や行事に興味をもち、これらに親しみながら、そのよさを大切に見直そうとする。	⑧地域に残る伝統的な施設や行事に積極的にかかわることを通して、これらを伝承する活動に関わるとともに、実際に復興するために自分ができることは何かを考えることができる。

(出所)「『総合的な学習の時間の取組──群馬県富岡市立一ノ宮小学校の実践事例』文部科学省 NEXT64『初等教育資料』2月号、東洋館出版社、2002（平成14）年、22頁。

文化を尊重し，大切にしようとすると同時に，国際問題について考えを深めようとする」のであり，それらの授業の評価としては，「学習活動への関心・意欲・態度」「総合的な思考・判断」「学習活動にかかわる技能・表現」「知識を応用し総合する力」という「総合系列表」をつくって，「自分の住む地域の自然，社会，文化の様子やそこに住む人々のよさを知ることができる」，「地域やわが国の自然，社会，文化の特長や地域に住む人々のよさに気付くことができる」か，を評価基準としている。教師は，子ども全員を観察することにより，それぞれの子どもの学習の特徴的なものを記入することによって，よりきめ細かい評価を行うことができる。教師が一人ひとりの子どもの学習，発達，成長をよりきめ細かく観察し，かつ指導していくことが求められているのである。

2　人の国際化を考えて
――愛知県大府市立石ヶ瀬小学校の「総合的な学習の時間」――

　石ヶ瀬小学校では，ブラジル人児童が1991（平成3）年に転校してきたことにより，教師や級友たちが戸惑い，そのなかから国際理解教育の授業が始まった。彼らにとって，外国はよく知っているつもりであったが，ブラジル人児童と接するなかで，実はほとんど知らなかったということに気づき，「人の国際化」とは何かを考えるようになった。そのための能力と資質を培うため，①外国（外国人）を文化・生活・経済・自然などの広い視野から多角的にとらえる力，②日本（日本人）との違いを乗り越えて互いに理解し合うことのできる幅広く豊かな心，の2点について，指導を進めた。具体的には，

①　1・2年生「外国や外国人と出会う」
　低学年の子どもたちがもつ純粋で偏見のない素朴な感情を大切にして，国旗・言葉・遊び・食べ物などを通して，外国の文化に直接触れる活動を中心に学習を展開する。
②　3・4年生「外国の文化・生活・自然を知る」
　知的好奇心が高まるこの時期の子どもたちには，日本との違いを考えさせ

ながら，ジャングルや砂漠にすむ生き物や，人々の暮らしと祭りなどを通して，外国の文化・生活・自然を調べる活動を中心に学習を展開する。
③　5・6年生「世界のなかの日本について考える」
　高学年の子どもたちには，食料や環境問題，アジア諸国と日本との結びつきなどを通して，日本が今後世界のなかでどのような働きをしたらよいのかを考えさせる。

という，学年別の課題を出している。自分たちの身の回りから，すなわち日常生活の場からの学習が求められるのである。
　この小学校では，「総合的な学習の時間」のなかで「世界と日本」の視点から取り上げて行く。子どもの興味・関心を生かし，個人が自主的・主体的に学習を進め，ワークシートを活用し，子どもたちの学習を記録することにより一人ひとりの学習を深める。それらを教師が把握し，一人ひとりに適切な助言をしている。その際，従来の各教科にとらわれず，また学級通信ではなく，グループで調査・研究学習をしている。
　次に，5年生の学習計画を図1-1に示す。これらの学習の目的は，今後国際社会に果たす役割について一人ひとりの子どもが主体的に考えることである。

3　地域社会のなかでの国際理解教育

　2001（平成13）年5月1日現在，京都市立の小学校・中学校に在籍している外国人児童・生徒数は，表1-3のとおりである。
　京都市立学校における外国籍児童・生徒に対する教育については，1992（平成4）年，京都市教育委員会が策定した「京都市立外国人教育方針――主として在日韓国・朝鮮人に対する民族差別をなくす教育の推進について」に基づき，すべての児童・生徒に国籍や民族の違いを認め，相互の主体性を尊重し，ともに生きる国際協調の精神を養うことをめざし，各学校で取り組みが進められてきた。また，1997（平成9）年に策定した「京都市国際化推進大綱」等をふまえ，市内の民族学校および外国人学校への支援も行われている。2000（平成

第4節　日本における国際理解教育・異文化理解教育の実践

図1-1　5年生「世界と結びつく日本」の学習計画

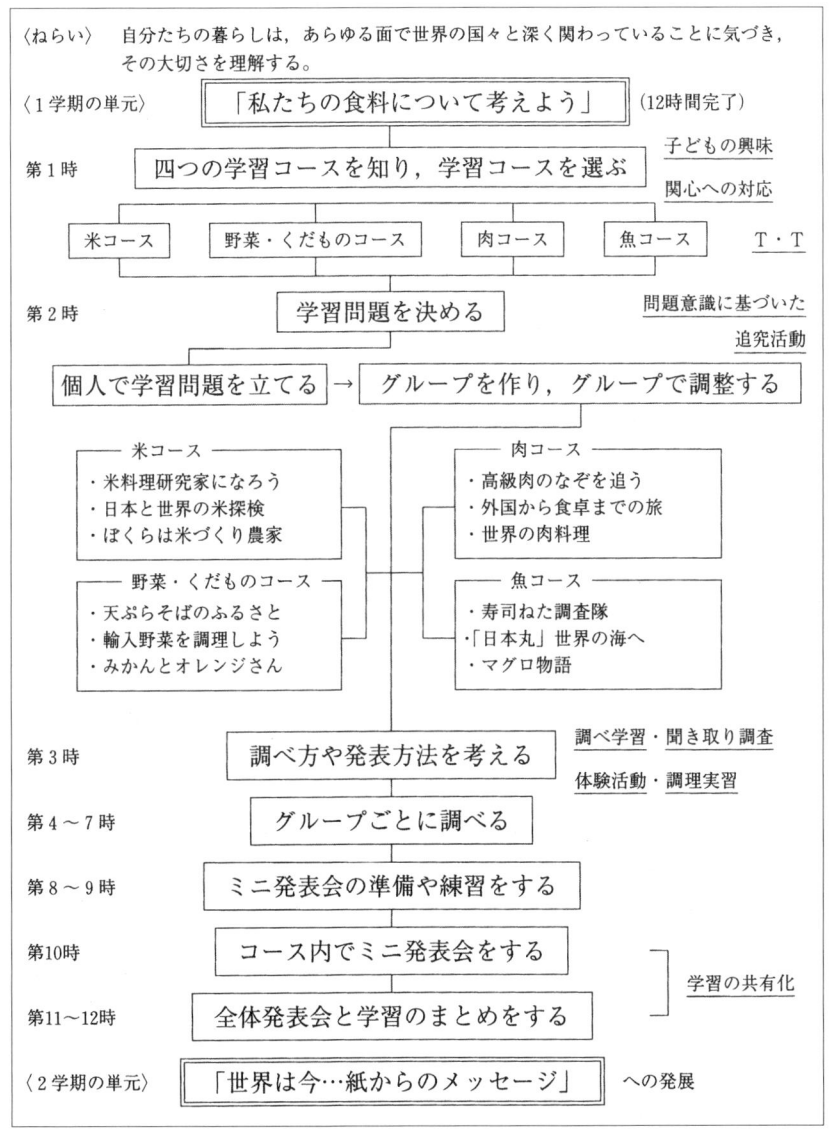

〈ねらい〉　自分たちの暮らしは，あらゆる面で世界の国々と深く関わっていることに気づき，その大切さを理解する。

〈1学期の単元〉「私たちの食料について考えよう」（12時間完了）

第1時　四つの学習コースを知り，学習コースを選ぶ　　子どもの興味関心への対応

　　　米コース　　野菜・くだものコース　　肉コース　　魚コース　　T・T

第2時　学習問題を決める　　問題意識に基づいた追究活動

　　　個人で学習問題を立てる → グループを作り，グループで調整する

米コース
・米料理研究家になろう
・日本と世界の米探検
・ぼくらは米づくり農家

野菜・くだものコース
・天ぷらそばのふるさと
・輸入野菜を調理しよう
・みかんとオレンジさん

肉コース
・高級肉のなぞを追う
・外国から食卓までの旅
・世界の肉料理

魚コース
・寿司ねた調査隊
・「日本丸」世界の海へ
・マグロ物語

第3時　調べ方や発表方法を考える　　調べ学習・聞き取り調査／体験活動・調理実習

第4～7時　グループごとに調べる

第8～9時　ミニ発表会の準備や練習をする

第10時　コース内でミニ発表会をする　　学習の共有化

第11～12時　全体発表会と学習のまとめをする

〈2学期の単元〉「世界は今…紙からのメッセージ」への発展

（出所）　原義治「小学5年世界と結びつく日本」加藤幸次・浅沼茂編『国際理解教育をめざした総合学習』黎明書房，2001（平成13）年，91-92頁。

表1-3　外国人児童・生徒の国籍別在籍状況（平成13年5月1日現在）

(単位：人)

	韓国・朝鮮	中国	アメリカ	フィリピン	ペルー	ブラジル	その他	計
小学校	1,150	148	12	7	4	3	29	1,353
中学校	700	90	1	5	1	2	5	804
計	1,850	238	13	12	5	5	34	2,157

（出所）　京都市外国籍市民施策懇話会事務局（京都市総務局国際化推進室）編集，発行『京都市外国籍市民施策懇話会　ニュースレター』No.7。

12）年，市内の公立小学校と朝鮮初級学校の子どもたちの交流の場として，ユーアイスクエアが生まれた。この発端は，公立小学校の児童と朝鮮初級学校の児童のけんかであった。これを見た先生たちが，2つの文化の相互理解の欠如が相互不信につながっていったと痛感し，相互交流の場をもつことで解決を図ろうとした。ユーアイスクエアの意味は「YouとI」という「あなたとわたし」と「友愛」の2つの意味を含み，スクエアは広場であり，2つの文化をもった子どもたちがそれぞれの文化を認め，尊重し合うと同時に，一個の人間として，相手の存在を認めるための催しである。2002年度の第3回のユーアイスクエアからは，会場を佛教大学に移し，さらに佛教大学の学生も参加してより充実したものとなっていった。2003年度の第4回からは，京都市，京都市教育委員会の後援も得て，その流れはますます太くなっていった。

　ここでは2003年の第4回ユーアイスクエアを紹介する。参加小学校は，朝鮮第1，第2，第3各初級学校と，3つの初級学校と交流のある伏見，松尾，楽只，鷹峰の各小学校（交流校）の児童たちである。それ以外に，待鳳，鳳徳，紫野，乾隆，西陣中央，翔鸞各小学校にも呼びかけた。3つの初級学校，4つの交流校は4年生以上，それ以外の6つの小学校は5年生以上の児童に参加を呼びかけた。当日参加児童は表1-4のように児童数379名であり，教職員・保護者は101名であり，支援する佛教大学の教職員・学生は80名であった。

　ユーアイスクエアの実行主体は，朝鮮初級学校，公立学校の教師たちと佛教大学で，この三者が実行委員会を組織しており，お互いの相互理解を深めるべく，11月からミーティングを開始し，2月28日（金）の前日のリハーサルまでお互いに素直に意見を出し合って，より充実した内容を求めるものであった。

第 4 節　日本における国際理解教育・異文化理解教育の実践

表 1-4　ユーアイスクエアの参加状況

(単位：人)

	1年	2年	3年	4年	5年	6年	合計
第一初級				18	18	27	63
第二初級				16	18	13	47
第三初級				7	14	5	26
伏見南浜				4		4	8
梅　津				5	3	2	10
松　尾				23	41	11	75
楽　只				10	12	1	23
鷹　峯	6		11	13	4	22	56
西陣中央					2	17	19
待　鳳				11			11
鳳　徳						9	9
紫　野							
衣　笠					4		4
嵯峨野					4	9	13
附属京都		15					15
合　計	6	15	11	107	120	120	379

(出所)　ユーアイスクエア実行委員会資料より。

　ユーアイスクエアの 3 つの意義について述べてみる。まず第 1 に，ユーアイスクエアは 2 月 29 日（土）当日（午前10時から午後 3 時まで）の催しだけではないことである。すなわち，ユーアイマークという小学生が考案した大きなシンボルマークを各初級学校，小学校で，佛教大学生の参加のもとに，それぞれ分担して作成することが重要なのである。当日参加しない児童たちも，各校の分担分の作成に参加するなかで，日本文化・朝鮮文化への理解を深めることになる。そのユーアイスクエア当日，それぞれの学校で作成した作品を持ち寄って一つの大きな作品とするのである。子どもたちが一体感を体得するようになる。

　第 2 は，保護者の参加である。子どもたちの交流だけでなく，朝鮮初級学校のオモニ会と公立小学校の保護者が，力を合わせて作品をつくるのである。チヂミやトックスープを協力してつくり，子どもたちに配る姿は，2 つの文化を乗り越えて，一つの社会を形成する原点となる。

　第 3 は，学生の参加である。佛教大学の学生のほとんどが小学校教員の希望者であり，彼らの斬新なアイディアを取り入れ，先生の助言や指導のもとに，

第1章　国際理解教育

写真1-1　ユーアイ地球儀　　　写真1-2　和太鼓とチャンゴの競演

異文化理解の場が提供される。とくに，ペンイチギ，ノルティギ，サンモ，チェギチャギといった朝鮮の遊びと，竹馬，こま，めんこ，羽子板といった日本の遊びを子どもたちへ指導するには学生の力が大である。

　子どもたちは当日，異文化の料理を食べ，異文化の遊びを経験し，異文化の服装を着用し，異文化をもった子どもと友達になり，住所，電話番号を教え合い，楽しい経験をしたとして帰っていく。

　2004年度は，3つの朝鮮初級学校だけでなく，フランス学校や国際学校および民族学級のある小学校へも呼びかけ，京都市内の異文化をもった子どもたちとの交流を進めていく。このように，自分たちの住んでいる地域社会のなかから，自分たちの異文化をもった隣人との交流のなかから異文化理解教育は生まれてくる。遠い外国の人たちとの交流だけでなく，自分の身の回りの異文化をもった人たちとの交流が求められるのである。その際，いろいろな文化摩擦が生じることは事実である。お互いの意思疎通の不十分さから相互に理解し合えないこともあるかもしれないが，そのなかからこそ真の国際理解が生まれるのである。また同時に，お互いの人間理解は，異文化をもった人々との交流だけでなく，われわれが日常生活のなかで真に必要とするものなのである。

注
（1）これらのことに関しては，後藤直「大学・小学校・地域の連携による地域教育実践」『佛教大学教育学部学会紀要』第2号，2003年，193-194頁に詳しく述べられている。

（田中圭治郎）

第5節　国際協力の実践

1　国際協力とは

1　国際協力と国際援助

「国際協力」とは何か？　端的にいえば，従来しばしば用いられてきた「国際援助」という言葉が，一方が他方に対して優越した立場にあることを含意するところから，それに代わって頻繁に使われるようになった用語である。日本は各方面での国際協力において大きな役割を果たしている。一般にはあまり知られてはいないが，10月6日は「国際協力の日」とされ，さまざまなイベントが開催されている。ODAをはじめとする国際協力は，資金面での協力に限定されず，それ以外の各種の協力（技術協力など）も重要である。教育に関する国際協力に限定すれば，教員研修のノウハウやプログラムの提供のようにソフトなものまで含まれる。

2　国際協力における教育の位置

1950年代・1960年代までは，かつては教育投資論・人的資本論とタイアップした形で，「経済発展を促進する重要かつ有効な手段」として教育に着目し，支援が展開されてきた。しかし，1970年代に入ると，これら教育投資論・人的資本論はかつての勢いを失い，代わってベーシック・ヒューマン・ニーズ（BHN）として教育がみられるようになる。このBHNは，社会によって提供される基本的サービスの拡充をめざすものであり，経済発展の一手段としてではなく，それ自体が目的をもつ営みである。したがって，それ自体の重要性が認識されるようになってくるのである。経済発展の一手段としてのとらえ方では，教育内容についてはまさしく「ブラック・ボックス」であったのだが，

BHNでは教育内容のあり方も問われるようになる。さらには1990年のタイ・ジョムティエンでの「万人のための教育世界会議」において、「education for all」という標語で知られる教育開発重視の潮流が起こり、かつての高等教育重視（＝ハイタレント・マンパワー育成）から基礎教育重視へとシフトした。さらにダカール会議において、質の重視が謳われるようになる。これは経済中心の開発から人間中心の開発へという開発戦略の大きな転換を意味し、教育が占める位置も大きさも変化したということでもある。

そして、これらの一環として国際理解教育や多文化教育なるものも登場してくるのである。これ以降の教育には、とくに多民族・多言語国家・社会での教育には、この二種の言葉は頻繁に登場してくる。

2　国際協力と国際理解教育

1　国際理解教育とは何か

学校で教授される教科の多くが、結局のところ自己理解につながるものであるとすれば、国際理解教育は、「他者理解を通じて自己理解を図る」というところに究極の目的があるように思われる。すなわち他者（他国・他社会）の文化や歴史、伝統について知り、学ぶことを通じて、自分たちの文化や歴史、伝統を一度突き放して（つまり、相対化して）みつめ直し、他者との共通点および相違点をみつめ、そこから自己理解に至るというわけである。

この自己理解につながるというのは、日本を念頭に置いているとピンと来ないかもしれないが、たとえば多民族国家であれば、自分とは異なる民族ではあるが同じ国家に属する人々のルーツを理解することは、自分の属する国家のある側面について理解することにもなるのであり、他者理解が相互理解、自己理解につながるのである。いいかえれば、国際理解教育というのは、多民族国家にとっては、どこか遠い（自分たちとは関係のない）世界に関する浮世離れした教育というのではなく、非常に差し迫った教育でもある。さまざまな民族間の紛争などに悩まされる国家では、国内問題に立脚したものになる可能性がある。

このような観点からすれば、「いろいろな文化がありますよ」といった表層的な文化の多様性の紹介に終始する教育だけでは、国際理解教育の使命は十二分に果たせないと考えられる。また、たとえば「日本文化（たとえば、歌舞伎や生け花）を知ることによって」国際理解教育を行うという主張も一部にはみられるが、この方法も国際理解教育の本質に反したものとなる。ここで問題となるのは、一国、一社会内でも必ずしも一様な文化状況にあるわけではなく、むしろ圧倒的多数のケースにおいて、文化的に多様な状況がみられることである。これを文化多元主義とか多元文化主義（＝多文化主義）と表現するのが通例である。

　この両者をさして区別せずに用いる場合も多く、概して1980年代まではさして厳密な区別を求めてこなかった。ところが、1990年代に入って状況は変化してくる。『アメリカの分裂』を著したアーサー・シュレジンガー Jr.（Arthur Schlesinger Jr.）によれば、文化多元主義（cultural pluralism）と多元文化主義・多文化主義（multiculturalism）は明白に異なる、というよりもむしろ、対立した概念ということになる。文化的多元主義は、共通文化としてのアメリカ文化の存在を承認し、すべての構成員はそれを学ぶべきだが、他方、私的空間では多元性を容認するというものである。それに対して、多文化主義は「英国中心またはヨーロッパ中心の立場への反動として発生する」ものであり、エスノセントリックで、分離主義的ということになる。それはシュレジンガーの次のような言葉に表れている。「民族性を強く主張する人たちは現在、公的教育の主目的は、民族的起源と自己同一性の擁護と強化、賞揚と永続化であるべきだ」と強調するのだが、「分離主義は差違を誇張し敵対心を煽る。その結果として増大する民族的・人種的構想のおかげで、『多民族主義』や『政治的妥当性』について、あるいは『ヨーロッパ中心』的カリキュラムの不法性についての騒々しい議論があり、さらには、歴史や文学の教育は知的な訓練としてではなく、少数派民族の自尊心を高める療法であるべきだという考え方についての論争がみられる」（シュレジンガー［1992］、11頁）と述べ、アメリカの将来の姿を考えたときに、「別個かつ不易の民族的・人種的集団に分けられて」いくことに危機感を覚えると述べる。これはいうまでもなく、かつて「坩堝と呼ばれた

ものはバベルの塔に取って代わられる」ことを意味する。

　これは，つまるところ，国家とは何か，社会とは何か，そしてそこにおける公教育に果たすべき役割は何か，といった根本的な問題につながる発言である。

　さて一方，逆に国際理解教育とグローバル教育も異なるものと考えられる。国際化とグローバル化との違いにも関連するのだが，国際理解教育とは，国が確固たるものとしてあり，そのうえで国家間の，あるいは異なる国民間の相互理解を深めようというところに要諦がある。それに対して，グローバル教育とは，国が徐々に確固たるものではなくなり，国家間の壁が低くなり（つまり，グローバル化し），それぞれがある特定の一国の国民であるというよりも，すべての地球上に住む人々が「宇宙船地球号」の住民であり，地球市民であり，特定の文化にエスノセントリックな価値を置くのではない。たとえば，ある国の人々が貧しい状況に置かれていたとしよう。しかし，それを知り「かわいそう」と同情の念を子どもたちに呼び覚ますだけことにとどまらず，それが自分たちの豊かさと関係がある，という認識にまでもっていくことを企図している。つまり，世界のシステム的理解，国家間の相互依存性に重点を置いた理解の方法なのである。しかし，これはともすれば従属理論や世界システム論などのイデオロギー的な側面に絡め取られてしまう危険性をはらむといえる。「国際理解教育」としては，一体どのような教育が求められ，どのような方法で展開されていくべきか，ここではアメリカ，イギリス，フランスの例を簡単に概略しておこう。

2　アメリカ合衆国のケース

　アメリカ合衆国は，「移民の国」とか「民族の坩堝(るつぼ)」とかいったキャッチフレーズに違わず，非常に早い時期からその人種的・民族的構成の多様さが進んでいた国家である。そしてその多様性を，新生国家の活力であり，資源であるという考えを通してきた。しかし，現実には1964年の公民権法成立までは，黒人は州法などによって社会生活の各場面で差別を受けてきたのも事実である。

　アメリカ合衆国も多くの国家と同様に，教育を含む社会政策はまず人種主義，ついで同化主義へと進んでいく。人種主義とは，人種によって与えられる教育

が異なり，マイノリティがマジョリティと同じ社会的権利を行使することは認められないという考え方である。教育についても分離学校が基本となる。ついで同化主義（アングロ=コンフォーミティ）では，マジョリティの言語，文化を修得したマイノリティに限って，マジョリティと同じ社会的権利の行使が容認される。教育でも，英語の習得が必要な前提とされ，ESL（第二言語としての英語）が盛んに展開される。

　しかし，マイノリティの権利意識の高まりの前に WASP（White Anglo-Saxon Protestant）を中心としたアングロ=コンフォーミティの考え方だけではたちいかなくなり，文化的多元主義の考え方が登場する。文化的多元主義には，リベラルな文化的多元主義とコーポレイトな文化的多元主義の2種が存在する。前者は私的空間では文化的多様性を容認し，公的空間では共通文化の存在を認めそれへの同化を求める。ただし，共通文化とは WASP 文化そのものではなく，マイノリティの文化をも取り入れた「共通のアメリカ文化」である。さらに社会参加に関わる構造的側面（構造的多元化）については，個人主義と業績原理に基づいて社会的権利を配分するので，人種や民族による優遇や差別はない。いわばアメリカ合衆国の建国の理念の受容が求められているのである。これに対してコーポレイトな文化的多元主義では，私的空間同様に公的空間でも多元化を推し進めることが謳われている。これは具体的には，学校ではエスニシティを考慮した教育，（英語ではない）母語による教育という形で展開されバイリンガル教育法の制定ということにつながり，社会参加に際しては，やはりエスニシティを考慮して，クオーター・システムやアファーマティヴ・アクションを導入するということになる。

　しかし，このように社会参加，構造的側面での多元化を推し進めれば推し進めるほどよいのかというと必ずしもそうはいいきれない。学校教育の多元化は，ともすれば施設，設備，カリキュラム開発，教員養成などに多額の出費を強いられることになる（二言語教育ができる教員の養成など）し，クオーター・システムやアファーマティヴ・アクションは逆差別であるとして白人層の猛烈な反発を受けることにもつながるからである。

　現に，住民の人種的・民族的多様化が進んだカリフォルニア州では，バイリ

ンガル教育の廃止や，アファーマティヴ・アクションの廃止などが20世紀末に相次いで起こり，問題化している。イングリッシュ・プラスというバイリンガル，トライリンガル化をめざす運動がみられる一方で，イングリッシュ・オンリーという英語公用語化運動がみられるのもカリフォルニアなど人種的・民族的多様化が進んだ地域である。カリキュラムにしても言語にしても社会参加にしても，進歩的政策を推進すればするほど国民は拍手喝采するわけではなく，マジョリティの容認できる限度を超える政策は大きな揺り戻しをともない，住民間の相互理解と共存へと導かれるどころか，分裂や感情的対立を煽ることになりかねないし，いわゆる「極右勢力」の台頭を招来することにもなりかねないのである。

3　イギリスのケース

　イギリスではやはり人種主義，同化主義からスタートしたが，その後統合主義へと進み，さらに多文化主義へと進んだ。松井清によると，人種主義や同化主義ではマジョリティの文化が普遍主義的なものであるのに対して，マイノリティの文化が特殊主義的なものという認識からマイノリティの文化をカリキュラムから極力排除するということになる。それに対して統合主義は，マジョリティとマイノリティの相互理解をめざし，ブラック・スタディーズなどエスニックなカリキュラムを導入する一方，教員研修などにおいても第三世界の文化・歴史についての啓蒙活動を展開して，マイノリティをイギリス社会に定着させることをねらっている。しかし，これも現実の姿としては白人が90％以上を占めるイギリス社会への定着とは白人社会への同化とほぼ同義であり，批判を受けて多文化主義へと進むことになる。多文化教育とは，文化の多様性とあらゆる文化を尊重することを前提として異文化の尊重とその学習を目標とするものである。つまり，イギリス社会はもうすでに多民族・多文化国家・社会であるということを前提にしている。しかし，これでも生ぬるいという批判があり，反人種差別主義（教育）なるものも展開されている。これは多文化教育以前のすべてのプログラムが，問題はマイノリティの側にあるということを前提にしてきたのに対し，反人種差別主義（教育）は，問題は白人の側にあるとい

うことを前提にする。差別という社会構造のゆがみを除去することこそ，重要な目的であるという認識から，白人生徒，白人教員への反人種差別の吹き込みを展開する。しかし，これもいきすぎると，かえって人種集団間の軋轢を増大させかねないのである。なぜなら差別は白人対マイノリティの図式のなかで起きるとは限らず，アジア人対黒人といった図式でも起こりえるからである。また，教師が人種差別主義者のレッテルを貼られるのを恐れるあまり，荒れるマイノリティの生徒に適切な指導ができず放任し，結果として学校が一層荒れるのだという批判も展開されている。

　もう一つの問題は，マイノリティの側でも，実は多文化教育を望まないグループがあるということである。イギリスには厳格なイスラム教徒が多いが，イスラム教徒は，セックスや麻薬に耽る，堕落しきった白人からは学ぶものはないとして，厳格なコーランの教えにのっとった一文化教育を求める。イスラム教徒にとって，理想の学校は分離学校であり，公的補助を受けるイスラム学校もすでに登場している。

4　フランスのケース

　フランスでは，近年学校教育をめぐって，イスラム教徒のスカーフ論争が繰り返し起き，国際理解教育は喫緊の課題となっているが，しかし，そもそもこの異文化間の対立が国際理解教育によって解決可能なことであるのかをめぐっても論争が多い。

　フランスでは同化（アシミラシオン），統合（アンテグラシオン），挿入（アンセルシオン）という流れを経験してきた。移民の子弟，外国人に，フランス文化に親しませ，フランス語を修得させることが同化主義の時代の学校教育の目的であったが，移民の増大とともに統合主義へと変わる。これはマジョリティ・マイノリティの相互の変容を前提とする主義で，第３の共通のフランス文化が生まれ，それをすべての国民の学習の内容にすべきであるという考え方である。移民の存在を貴重な資源と考え，多様性を活力の源と考える見方である。他方，挿入主義とは，フランス文化の本体を損なわずに移民や外国人を受け容れていくものであり，モザイク状の国家像を描く。これは国民戦線他保守系の

団体から主張される傾向が強い。

　フランスへの移民の多くは，ラテン系移民とマグレブ系（アルジェリア，チュニジア，モロッコ）アフリカ移民である。しかも，後者の急増と前者の漸減がみられる。アルジェリア，チュニジア，モロッコはアフリカ全土のなかでもとくにイスラム教徒の多い国家で，今後移民の増大とともに，イスラム文化の流入もスピードアップし摩擦も増大すると考えられる。当然のことながら，ここでいう移民には政治的・経済的難民や合法的・非合法的移民のもろもろを含む。おそらく公式統計以上に移民の流入はすすんでおり，それにともない摩擦も増大している。2004年9月には正式にスカーフ着用を禁ずる法が発効する。日本でも運転免許証の脱帽・無背景写真をめぐって在日イスラム教徒と当局の間に摩擦が発生したが，この類の論争はヨーロッパ諸国を中心に世界中でヒートアップしている。

　移民を受け容れるということは，異文化を受け容れるということでもあり，便宜的に低賃金労働者として都合よく働いてもらう（そして，仕事が終わったら，あるいは国内情勢が変化したら帰国してもらう）といった身勝手な考え方は許されない。受け容れるならば移民の文化について学習を進めていくのは当然であろう。ただし，その進め方はあまりにも急進的であってはならず，住民の理解を得ながら進めなければ，せっかくの相互理解のプログラムの導入も，相互の対立と憎しみに火をつけて煽るプログラムになりかねないのである。

5　国際理解教育の困難さに関する問題点

　以上，国際理解教育の行われていく意義と困難さについて簡潔ながら述べてきたが，国際理解教育の困難な点として，現実に，どの程度まで教えるべきかについての問題がある。

　最も悪い授業例としては，授業終了後の子どもたちの感想に，「発展途上国の人たちはかわいそう」「日本に生まれてよかった」のような「自らの問題としてとらえない」ような姿勢がみられるケースがある。したがって，「いろいろな人がいますよ」と「文化の多様性」を強調するだけでは，国際理解教育を十分に行ったとはいいがたい。国際理解教育は現在，総合的な学習を中心とす

る生徒・児童の主体的な学習の一環として考えられており，知識を教え込むタイプの授業とは考えられていないのはもちろんである。上述のような悪い例は，いわば「頭の中の知識にとどまる」国際理解の悪例であり，そのレベルにとどまらず，冒頭に述べた他者理解を通じた相互理解や自己理解につながらねばならない。しかし，そこからさらに一歩踏み込んで教えようとすると，いろいろな問題が生じてくる。ものの見方，たとえば世界観・民族観や歴史観を教えることによって上述の問題を避けようとすると，教師は結局，自らの身に染みこんでいる世界観・民族観や歴史観を教え込むということになるのであり，多分にイデオロギー的になる危険性をはらんでいる。つまり，素材を与えて児童・生徒に自発的に学習させるのではなく，ある種のものの見方に意図的に導いていくということであれば，それこそ国際理解教育の前提にある民族の多様性や思考パターンの多様性を理解するという国際理解教育の目的に反する。多様な人々，多様な文化の存在を理解するといいながら実は児童・生徒の思考の多様性を損なうということになりかねないという問題に抵触するのである。もちろん，これは歴史や国語の教育の場合にも直面する問題ではあるが，とくに国際理解教育の場合には，教科書がなく教師の個人的力量に負うところが大きいだけに，問題は大きいといえる。

参考文献

A. シュレジンガー Jr., 都留重人監訳『アメリカの分裂——多元文化社会についての所見』岩波書店，1992年

辻内鏡人『現代アメリカの政治文化——多文化主義とポストコロニアリズムの交錯』ミネルヴァ書房，2001年

江原武一編『多文化教育の国際比較——エスニシティへの教育の対応』玉川大学出版部，2001年

M. M. ゴードン，倉田和四郎・山本剛郎訳編『アメリカンライフにおける同化理論の諸相——人種・宗教および出身国の役割』晃洋書房，2000年

木村一子『イギリスのグローバル教育』勁草書房，2000年

松井清『教育とマイノリティ——文化葛藤のなかのイギリスの学校』弘文堂，1994年

池田賢市『フランスの移民と学校教育』明石書店，2001年

（山内乾史）

第2章
情報化社会と情報教育

第1節　情報化社会とは

1　学校における情報教育の意義

　情報化社会の到来によって，義務教育段階から積極的に情報教育を行う必要性が唱えられている。また，コンピュータの操作を含めた教科「情報」が新設され，高等学校において必修科目とされた。
　なぜ学校において，こうした情報教育が必要なのであろうか。確かに，われわれの身の回りには，日々膨大な量の情報が提供され続けている。また，コンピュータを中心とした情報処理も高度化しており，情報への依存度は高い。しかし，こうした情報の氾濫のなかでこそ，本当にしなければならないこと，教えなければならないことがある。それが，情報教育の意義である。
　学校における情報教育とは，コンピュータを使えるようにすることではない。それは，広く情報活用能力を養成することであり，情報の取捨選択ができる能力の養成といいかえることもできる。最近ではインターネットの登場によって，誰もが情報の送信者になることができるようになった。そのために，ネット上での倫理観を涵養することも情報教育の重要な課題である。また，新たな課題として，インターネットを使えるか否かといった情報ツールへの親和性の差が，情報収集やその活用能力に格差を生じさせ，それが社会的不平等を発生させる危険性があるといった指摘までされるようになってきた。こうした問題への警鐘も，情報教育に求められる課題である。
　情報化された社会を生きていく子どもたちに，学校段階からの情報教育の必要性が唱えられる背景には，もうひとつ大きな問題が潜んでいる。それは，従来では起こりえなかった「出会い」の発生への対応である。たとえば，インターネットを利用することは，不確実な情報に接する危険と隣り合わせにいる

ことを認識させるべきである。同時に不特定多数の「人々」と接することも可能であり，顔が見えない，誰からかもわからない情報と接触する機会が増加しているということは，多くの危険性を含む「出会い」が促進されているということを早い段階から認識させておかねばならないのである。

そのために，学校における情報教育では，子どもたちが情報化社会に適応することができるようにすることと同時に，もうひとつ，情報化が進むことによって生じるさまざまな問題への注意を喚起しておかなければならないのである。

1　情報化社会と教育

われわれは，一般的にどのようにして「情報」を得ているのだろうか。新聞やテレビ，ラジオ，さらには書籍や雑誌といったメディアだけでなく，電話や手紙などの人から人を介して得る情報までを含めると，じつに多様な情報源が存在している。これらに加えて，1990年代以降，爆発的に普及した情報ツールがある。それがインターネットである。

総務省情報通信政策局のデータによれば，企業における1998（平成10）年のインターネット利用率は63.7％であった。しかし，2002（平成14）年には，96.1％までにも上昇している（図2-1参照）。ここからは，インターネットが，わずか数年間で，就労のための必要不可欠なツールとして成長しているという実態を見て取ることができる。

また図2-2をみると，1996（平成8）年から2002（平成14）年にかけてのインターネットの世帯普及率の変化は，3.3％から81.4％へ，人口への普及率の変化は，9.2％から54.5％へと急激な上昇をみせている（図2-2参照）。この変化は，社会と家庭の強い関係性を認識させるものである。つまり，企業において有効とされたツールは，家庭においても同時に普及していくことを実証している。こうしてインターネットは，新たなコミュニケーションツールへと変化を遂げていくことになる。今日では，携帯電話やPDAなどの小型で携帯が可能な端末からのアクセスが可能になるなど，より人々にとって利用しやすいものになり，その市場はさらに拡大している。

情報化が進む現代社会において，インターネットはますます生活の一端を担

第2章 情報化社会と情報教育

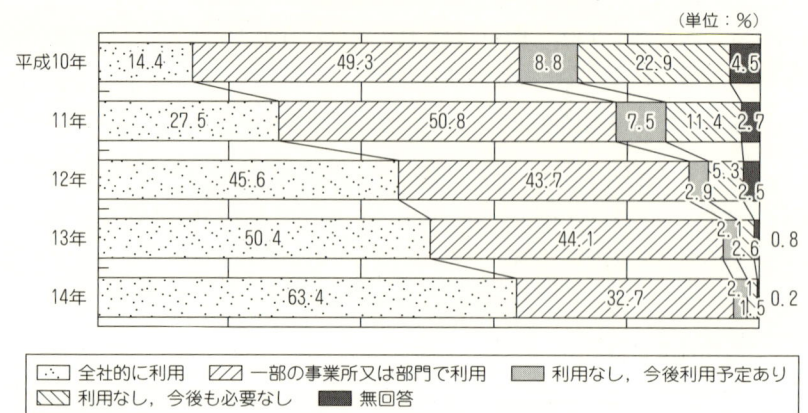

図2-1 企業におけるインターネット利用率

(単位:%)

年	全社的に利用	一部の事業所又は部門で利用	利用なし、今後利用予定あり	利用なし、今後も必要なし	無回答
平成10年	14.4	49.3	8.8	22.9	4.5
11年	27.5	50.8	7.5	11.4	2.7
12年	45.6	43.7	2.9	5.3	2.5
13年	50.4	44.1	2.1	2.6	0.8
14年	63.4	32.7	2.1	1.5	0.2

(出所) 総務省情報通信政策局「通信利用動向調査報告 企業編」。

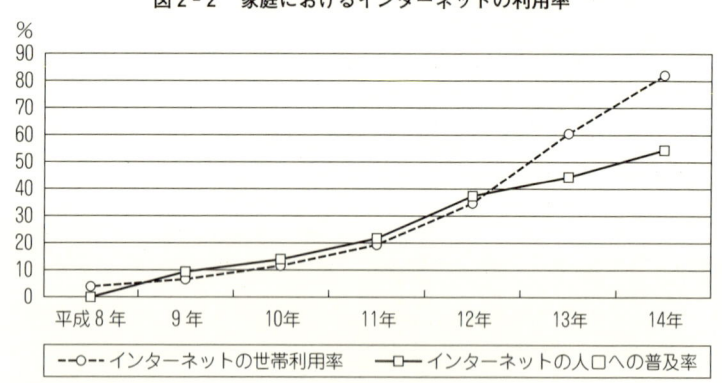

図2-2 家庭におけるインターネットの利用率

- ○ インターネットの世帯利用率
- □ インターネットの人口への普及率

(注) 世帯は20歳以上の世帯主のいる世帯、複数回答。
1) パソコン、携帯電話、携帯情報端末、インターネット対応型テレビゲーム機、TV等からの利用者を含む。
2) 高齢者及び小中学校の利用増を踏まえ、対象年齢を年々拡げており、平成12年末以前とは厳密に比較出来ない(平成11年末までは15〜69歳、平成12年末は15〜79歳、平成13年末から6歳以上。)

(出所) 総務省情報通信政策局「通信利用動向調査報告 世帯編」。

うツールへと変貌を遂げつつある。それは、仕事や教育への利用だけではなく、日常生活の情報をリアルタイムで手に入れられるツールへの変化であり、したがって、インターネットを活用する「リテラシー」（情報活用技術）をもつことが、必然的に求められるようになる。逆にいえば、そのリテラシーをもたない人々が、社会的に不利益をこうむる状況となりつつある。これが、個人の情報活用能力の差によって、新たな社会的不平等が生み出される、「デジタル・ディバイド」（情報による格差）である。

情報化社会と教育という問題意識に立ち返るならば、学校教育段階において情報教育が求められる理由には、単に社会が情報リテラシーをもった人材を求めるから、という社会的養成に応えるためだけでなく、情報を活用するか否かによって社会的不平等や不利益が生じるといった問題の溝を埋める意味においても重要なのである。むしろ、前者は情報化が進展する時代における文脈であり、後者はすでに情報化社会が一般に認知された時代のなかでの要請ということができる。そして今後は、さらに後者へのウエイトが高くなるであろうことは論ずるまでもないことである。

2　情報化による諸問題と教育

ここまで、情報化にともなうインターネットの普及を中心に述べてきた。インターネットは、仕事を効率化させただけではなく、人々の日常生活も大きく変化させたといえよう。それにともなって、学校教育の現場においても、情報化社会を有効に生きていくことができる基礎的なスキルを身につけさせることの必要性が叫ばれているのである。

コンピュータを活用した情報教育の必要性が高まったのは、小・中学校では2002（平成14）年度、高等学校では2003（平成15）年度より実施された学習指導要領によるところが大きい。この学習指導要領では、改訂の目玉として「総合的な学習の時間」が導入され、その時間における学習活動の事例として示された4つの例示のなかに「情報社会に関すること」の項目があげられている。これが、学校教育で情報教育を行わなくてはならないといった風潮の広まる要因のひとつである。

表2-1　初等中等教育における情報教育の目標

子どもたち	主体的に学び，考え，他者の意見を聞きつつ，自分の意見を理論的に組み立て，積極的に表現，主張できる日本人を育てる。
授　　業	各教員がコンピュータ・インターネット等を積極的に活用することにより，子どもたちが興味・関心を持って主体的に参加する授業を表現できる。
学　　校	学校における情報化の推進は，教育活動上の効果をもたらすだけでなく，学校・家庭・地域の密接な連携などを促進し，日本の学校のあり方そのものを変える。

（出所）文部科学省「バーチャル・エージェンシー『教育の情報化』」1999年より。

　また，現行の学習指導要領への移行期にあたる1999（平成11）年に文部科学省は，「バーチャル・エージェンシー『教育の情報化』」(1)において，上記のように情報教育の目標を設定している（表2-1参照）。

　つまり，学校教育においては，インターネットなどを用い，さまざまな人々の意見や考えを「情報」として，子どもたちに学ばせることによって，より広い視野で物事を考えさせることができるという視点が求められ，子どもはもちろんのこと，教師も学校も，家庭や地域と連携しながら情報化を進めることが必然となったのである。

　しかし，社会の情報化が進み，学校教育においても子どもたちに基礎的な技術を教え始めた頃になって，新たな問題が発生した。たとえば，不確かな情報や低俗な映像が掲載されたホームページの出現や，出会い系サイト，あるいはチャットといった，他者から制限がなされにくいインターネット上での交流などである。これらは，情報の発信に対する倫理観や責任感の希薄さから生じてきた問題であり，情報教育がめざしていたものとは逆の，まさしく「負の出会い」ともいえる諸問題である。これについては次項で詳しく述べるが，学校においてコンピュータの操作技術を教えることにばかり傾注して，「情報」そのものの内容や質といったところにまで注意を向けて指導しなかった結果，このような問題が生じたといわれる。

　たとえば「総合的な学習の時間」において，「情報化社会に関すること」を指導する場合，すぐにコンピュータの使い方を教えようとする気運は厳に慎ま

なければならない。それは，逆に子どもたちを危険な目にあわせる機会を招くことにもなるのである。まずは，しっかりと，その情報の真偽と正義を判断する能力を育成するところに重きを置かなくてはならない。インターネットにしても，すぐにその使い方といった技術的な側面から入るのではなく，その特質をとらえ，メリットとデメリットがどこにあるのか，といった教育的な側面からの指導も必要とされるのである。

2　情報化社会との光と影

われわれの生活には情報は欠かせないものである。そのために，さまざまなメディアを活用し，新たな情報を得る。そうして得た情報をもとに価値判断をし，意志決定をし，日常生活を営んでいるのである。たとえば，新聞はもちろん，そのなかに折り込まれるチラシもひとつの情報である。そのチラシを見て，特売品を買いにいくこともあるだろう。しかし，その情報が事実とは異なるものであったらどうであろうか。われわれは，新聞に折り込まれているチラシというだけで，そこに掲載されている情報を無意識のうちに鵜呑みにしているのではないだろうか。さらにいえば，「新聞の宣伝にのっていたから」「テレビのコマーシャルでやっていたから」といって，その情報の真偽を確かめず信用してしまっているのではないだろうか。

日常生活には，多くの情報が溢れかえっており，その情報のすべてが確かなものであるといえるのだろうか。とくに，インターネットという誰もが情報の発信者となれるツールが普及している今日の状況を考えてみると，危険性を感じざるをえない。インターネットは，われわれの生活を非常に便利にしてくれた。簡単に電車の路線や地図を調べることができたり，瞬時に各地の特産物を購入できたり，有名な史跡などの案内もみることができる。さらに，家にいながら買い物もでき，多くの友人をもつこともできる。これはまさしく，インターネットの普及がもたらした「光」であろう。かつては一方向のみであった情報を双方向にすることで，誰もが容易に送受信できる関係性が構築されたのである。

このように情報の活用者となり，便利になったことは間違いない。しかし，どのようなものにも「光」があれば「影」が存在することも忘れてはならない。

インターネット上には，行政や企業といった公的なホームページだけではなく，個人の趣味・嗜好を表現したプライベートなホームページも多く存在している。プライベートなものが多いということは，その数だけ異なった情報が「氾濫」しているということも意味している。たとえば検索エンジンでひとつのキーワードを入力するだけで，それに関するホームページをいくつも見つけることができる。しかし，そこに掲載されている情報は，あくまでも「個人」による情報の解釈であり，いいかえれば，「私見」によって加工された情報が掲載されているのである。したがって，それらの情報は「確かな情報」とはかぎらない。つまり，双方向の情報というネットワークが構築されることによって，人々は不特定多数からの「不確かな情報」を得やすい環境にもなっているのである。

この「不確かな情報」のもつ特性が，今日，多くの問題を引き起こす「影」となっているのである。それは，子どもたちの生命の危機を脅かす可能性をはらんでいるといっても過言ではない。実際にネット上で知り合ったメル友に殺害された事件も記憶に新しいところだろう。インターネットという新しい環境のもとでは，不確定な情報や，いわゆる「嘘」の情報までも信用しやすく，その結果，さまざまな犯罪に巻き込まれる可能性は否定できないのが現状である。さらにいえば，「インターネット依存症」という言葉が聞かれるようになったことからもわかるように，インターネット上に架空の自分をつくりあげ，そこでくり広げられるバーチャルな世界に依存し，リアルな世界を受け入れることができないという問題もある。

ケルン憲章（1999）[2]において「すべてのこどもにとって，読み書き，算数，情報通信技術の十分な力を達成する教育を推進する」（強調，引用者）という宣言からもわかるように，情報化する社会において，インターネットの活用は必要不可欠なものである。ここでの「通信」という言葉は，「コミュニケーション」を漢字で表現したものであり，平たくいえば，「意思の疎通」[3]である。内閣総理大臣決定による「ミレニアム・プロジェクト『教育の情報化』」のなか

でも，この「意思の疎通」の重要性が指摘されている。そこでは，インターネットを介したコミュニケーションが，教育活動の基礎となりうるものであるという提案がなされている一方で，学校教育では，単に情報教育の「光」の部分のみをみるのではなく，「影」が存在することも十分に教育する必要があると定義されている。

3　情報と倫理
――ネット上の倫理をどう教えるか――

　多くの不確かな情報が氾濫する今日，ネット上の倫理を教えるということは非常に重要である。前項でも述べたように，情報化した社会においては，その「光」と「影」が存在しており，子どもが危険な場面に遭遇する確率は高まっている。それを改善するためにも，情報に関する倫理を教えることが情報教育の大きな役割だといえる。

　しかし，これは子どもが情報の受け手として必要な倫理を教えることにとどまらない。インターネットという特性からもわかるように，子どもが情報の送り手として危険な場面を引き起こす原因をつくりだすこともありえる。したがって，倫理を教える際には，情報の送信者としての能力も同時に成長させていかなくてはならない。ここでは，倫理を教える際の視点として，①送信者としての倫理，②受信者としての倫理という両面からみていきたい。

1　送信者としての倫理

　インターネットが普及する以前，情報は一方向からの限定された送信者によって行われてきたことは，これまで述べてきたとおりである。それでは，インターネットのように誰もが送信者となることができる場合，とくにどのようなことに注意をしなくてはならないのだろうか。

　それは，情報の真偽に関わる問題であろう。情報を送信するということは，他の人々にその情報を「事実」として伝達することになる。その情報が間違っていても，受信者はその間違った情報を「事実」として受け止めてしまう。ま

た，送信した情報が「事実」であっても，送信者が意図するものと受信者が受け取った情報には，その意図にずれが生じてしまう可能性もある。人々はそれぞれに価値観をもっており，情報を受信する状況によっては，送信者の意図とは異なった解釈をしてしまう可能性を有しているからである。したがって，情報を送信する場合には，送信者の価値観のみで判断して，不特定多数に自分本位の情報を送る行為は避けるべきである。[5]

2　受信者としての倫理

受信した情報を判断する能力が受信者としての基礎的な倫理となる。それは，「信頼できる情報かどうか見極めること[6]」である。インターネット普及率が高まり，すでに2人に1人以上の割合で使用されているという今日では，さまざまな情報が受信されることになる。そのなかには，受信する価値のない情報や非常にリスクの高い情報も含まれていることはいうまでもない。そうした情報を受信してしまい，真偽の確認をせず，他者に情報提供（送信）することで，社会全体に混乱をきたすケースも生じている。たとえば，チェーンメールなどを思い浮かべてもらうとわかるだろう。「不確かな情報」は，受信者としての倫理意識の低い不特定な人を経由しやすいのである。

インターネット社会においては「受信者がたちまち送信者」となりやすいという特質があることをふまえたうえで，受信者の倫理と同時に，送信者としての倫理も身につけなくてはならない。

注

（1）　バーチャル・エージェンシー「教育の情報化プロジェクト」
　　　http://www.mext.go.jp/b_menu/houdou/11/12/991210.htm
（2）　ケルン憲章――生涯学習の目的と希望――
　　　http://www.mofa.go.jp/mofaj/gaiko/summit/cologne99/g8s_sg.html
（3）　佐伯胖『インターネット学習をどう支援するか』岩波書店，2000年，132頁
（4）　首相官邸「ミレニアム・プロジェクト『教育の情報化』」
　　　http://www.kantei.go.jp/jp/it/vragency/pdfs/kyouiku.pdf

（5） 情報教育学研究会・情報倫理教育研究グループ『インターネットの光と影』北大路書房，2000年，7頁
（6） 同上書，2頁

(原　清治)

第2節 総合的な学習の時間「情報」をどのように教えるのか

1　情報化社会のもたらしたもの

　近年，インターネットなどの情報通信ネットワークの急速な普及，進展により，情報がもつ影響は多大なものとなってきている。インターネットを活用したマーケットの増加や，電子商取引など，従来とは異なるビジネスのあり方の変化，また，携帯電話やメールによる新しいコミュニケーションやオンラインショッピングによる商品の売買など，生活スタイルも大きく変化してきている。このようなコミュニケーションや情報に対する認識の変化は，社会が情報化したことによる所産である。インターネットを活用することで，必要な情報や新しい情報を瞬時に受信できるなど，情報の共有化は以前にまして容易になった。このように，誰もが自由に情報を発信，受信できる環境を手に入れたことによって，利便性の高い社会になったことは間違いない。

　しかし，このような生活スタイルやビジネス環境の変化によって，新たな問題も多く認識されるようになった。いわゆる情報化社会のもたらした「影」の部分である。そこには，セキュリティや不正アクセス，プライバシーや著作権などといった問題が山積している。

　情報化社会においては，その影の部分を克服することが重要であり，社会における情報が果たす役割や影響を理解し，便利で安全な情報を取捨選択する能力の育成が焦眉の課題となっている。

2　総合的な学習の時間と情報教育の意義

　急速な情報化に対応する教育は，情報活用能力の育成と体系的な情報教育の

実施，さらに各教科の目標を達成するための情報機器の利用による教育効果の増大を図ることを目的としている。

　つまり，初等中等教育における「情報教育」は，「生きる力」の重要な要素として，総合的な学習や中学校の技術科・家庭科，高等学校の情報科にとどまらず，教育活動全体を通じて情報活用能力や情報機器の操作，情報の基本的概念を学ぶものである。教育情報ナショナルセンター「情報教育の実践と学校の情報化──新『情報教育に関する手引き』(1)では，情報教育目標として以下の3点をあげている。

① 情報活用の実践力
　課題や目的に応じて情報手段を適切に活用することを含めて，必要な情報を主体的に収集・判断・表現・創造し，受け手の状況などを踏まえて発信・伝達できる能力
② 情報の科学的な理解
　情報活用の基礎となる情報手段の特性の理解と，情報を適切に扱ったり，自らの情報活用を評価・改善するための基本的な理論や方法の理解
③ 情報社会に参画する態度
　社会生活の中で情報や情報技術が果たしている役割や及ぼす影響を理解し，情報モラルの必要性や情報に対する責任について考え，望ましい情報社会の創造に参画しようとする態度

　では次に，各学校段階別にどのような教育がめざされているのかについて見ていきたい。
　小学校段階では，特定の教科が設けられていないことから，「総合的な学習の時間」や各教科内でコンピュータを中心とした情報機器やネットワークを利用し，それに慣れ親しませることを目的としている。情報機器を利用して社会の情報化を体験させることが重要である。児童の発達段階に応じて，具体的，体験的な活動のなかで情報活用の実践力を育成することが基本であり，情報機器の操作と同時に，情報倫理の習得にも努めなければならない。具体的には，低学年では遊び的な活動を通して慣れ親しませ，中学年ではグループで問題解

決や表現活動の道具として活用する。高学年においては，与えられる情報や情報手段を複数設け，そのなかから選択させる。いきなりコンピュータの前に座らせるのではなく，徐々に，コンピュータに触れる機会を増やしていくことが求められる。

　中学校段階では，技術・家庭科の分野において「情報とコンピュータ」が必須となり，そこでは情報に関する基本的な内容を学ぶことが目的とされている。また，小学校同様，各教科や総合的な学習の時間などを通して，教員の指示だけではなく，生徒自らが主体的に必要な情報を考え，収集，処理，伝達する方法として情報手段を取捨選択する機会を与えることで，その能力を育成することが求められている。

　高等学校段階では，教科「情報」が新設され，必修科目となった。生徒の実態に応じて，「情報A」「情報B」「情報C」から構成されている。そこでは小・中学校以上に高度な情報活用能力の育成が目的とされているだけでなく，専門高校などにおいては，さらに情報関連技術者等を養成することもめざされている。

　このように，情報教育は発達段階に応じて目的が異なっており，体系的に児童・生徒に学ばせなければならないという認識が必要なのである。

　次に，総合的な学習の時間と情報教育の関連性について論じてみたい。文部科学省は，旧来までの教育では，情報化や国際化に対応できる子どもを育成することが困難な状況であるという認識に基づき，第15期中央教育審議会答申「21世紀を展望した我が国の教育にあり方について」において，「生きる力」を提言した。それをふまえたうえで，教育課程審議会が「総合的な学習の時間」を創設したことは記憶に新しい。この総合的な学習の時間は，「地域や学校，児童の実態等に応じて，横断的・総合的な学習や児童の興味・関心等に基づく学習など創意工夫を生かした教育活動を行う時間」とした。そのねらいは，①自ら課題を見つけ，自ら学び，自ら考え，主体的に判断し，よりよく問題解決する資質や能力を育てること　②学び方やものの考え方を身につけ，問題の解決や探究活動に主体的・創造的に取組む態度を育成し，自己の生き方を考えることができるようにすること，とされている。

これを情報教育と照らし合わせると，総合的な学習の時間のなかで，コンピュータやインターネットを利用して，児童・生徒の情報活用能力を育成することは有意義である。また，教科ではできなかった体験的な学習を通して，情報活用の実践力を養うことも可能である。具体的には，社会体験や観察・実験，見学・調査などにおいて，デジタルカメラ・ビデオによる録画や調べ学習などの報告書をパソコンを使用して作成したり，プレゼンテーションソフトを利用した発表会，さらにはメールやホームページを使った情報の発信や公開，他校との共同研究などの可能性があげられる。

　このような形態で小・中・高等学校段階を通して，情報教育を体系的に実施することによって，情報活用能力の育成や，自己の生き方や社会を豊かにする基本的な考えを学び培う必要がある。

3　情報教育の現状と課題

　総合的な学習の時間や技術・家庭科などにおいて，情報機器の現状がどのようになっているのかについてみてみたい。「学校における情報教育の実態等に関する調査結果(2)」では，小学校では，12.6人に1台の割合でしかコンピュータが設置されていない。以下，中学校8.4人，高等学校7.4人，中等教育学校3.8人と，依然として教育環境が整っているとはいいがたい状況である。文部科学省も，2005（平成17）年にはすべての教室にネットワーク対応のコンピュータを1台ずつ導入する計画があるものの，現時点（2004年4月1日）では，国内全教室数122万5,532教室中，ネットワークへの対応状況は24万5,846教室と，全体の20％程度で，思った以上に導入が円滑に進んでいない。各学校のインターネット接続率は99％であり，現在，学校に設置されているコンピュータのネット接続環境においては，問題ないといえる。また，ホームページが開設されている学校は，小・中学校で約60％，高等学校が85％と，学校間に格差が生じている。2002（平成14）年の同データでは(3)，教員のコンピュータ操作能力の実態も調査している。小・中・高等学校とも80〜90％以上の教員が，「コンピュータの操作ができる」と回答しているが，実際に「教えることができる」教員は，

小学校66.3％，中学校46.1％，高等学校38.1％となっている。小学校の教員ほど，コンピュータを教えるスキルがあり，学年が上がるにつれてそのスキルをもつ教員が少なくなっていることがわかる。しかしながら，学年が上がるにつれて求められる教育レベルも上がっているのであるから，高等学校の教員が最もコンピュータができないと解釈してはならない。それよりも，コンピュータ設置環境や教育環境においても，学校間，教員間でも差が生じている現状からみると，教員によって，コンピュータを積極的に導入しようとする教員と，そうでない層とに二分化する可能性があることの方が問題であろう。たとえば，積極的にコンピュータを利用するA教員と，コンピュータ嫌いのB教員では，児童・生徒がコンピュータに触れる機会や技術的な面において格差が生まれてくるかもしれない。情報教育よりも以前に教員への研修や特別非常勤講師の導入にも力を注がないと，小学校段階で生じたコンピュータリテラシーの格差は，中学校・高等学校では，さらに拡大する可能性がある。教育現場では，こうした問題への対応も視野に入れておかねばならない。

　それでは，総合的な学習の時間は，有効に機能しているのだろうか。『こんなときどうする小学校「総合的な学習の時間」』[4]のなかでは，それが単なるものづくりの時間に終わってしまう場合が見られることを問題視している。そこでは食べるもの，使うもの，楽しむものなどを発達段階に応じて，学校や地域の特色を生かした多彩なものづくりが行われてきたことが報告されている。児童は夢中でそれらに取り組んでいるが，教員は時間や場所，お金の問題などでけっして楽なものではなく，そのために「つくって終わり」「楽しんで終わり」の授業が展開されている。準備時間の少なさなどから，総合的な学習の時間は必ずしも機能しているとはいえず，情報社会に関する内容もこのような単発イベント式の時間が多くの学校で行われている。

　次に情報教育という視点から，新設された科目についてみてみたい。高等学校の「情報」では，「情報A」「情報B」「情報C」と，各学校において生徒の状況に応じた教育が行われなければならないにもかかわらず，多くの学校が「情報A」として基本的なコンピュータの操作に終始している現状がうかがえる。また，小，中学校においても，「調べ学習」という名のもとに情報機器や

情報技術の習得のみが目的となる授業展開がなされている。児童・生徒の興味・関心のあるテーマを設定させ，インターネットによる検索，プレゼンテーションソフトで発表，という一連の授業を1年2年……と同じ内容を6年間（3年間）繰り返している場合も少なくない。これらは教員の連携が円滑に行われていない例である。また，情報機器やネットワーク技術の修得が中心として行われている反面，情報倫理や著作権，プライバシーの問題といった点は，ほとんど扱われていないことも解決しなければならない問題である。

　このような状況のなかで，情報教育が成功しているいくつかの事例があり，そのひとつがつくば市の小学校である(5)。つくば市では，各小学校が連携して，つくば市共同学習プロジェクトを立ち上げ，小・中学校の各教科や総合的な学習の時間などで，テレビ会議システムや電子掲示板を使って，学校間での共同学習が展開されている。同じく，つくば市立並木小学校では，コンピュータを利用したことがない1年生の授業に6年生がサポートとして入り，マンツーマンで指導する体制をとっている。それによって，コンピュータ室が混乱することを防ぎ，1年生と6年生という縦の関係を構築することで，1年生の不安をいくらかでもとり除くことができ，学習効果も期待できるということである。その他には，日立市立助川中学校では(6)，国語科でのチャットやメール，掲示板を使った授業展開や，社会でのインターネットを取り入れた「調べ学習」なども充実している。

　「情報教育の実践と学校の情報化――新「情報教育に関する手引き(7)」でも活動例が記載されている。たとえば，自分たちでお話をつくり，絵をかくなどによる「電子紙芝居作り」や交流活動，情報の整理・分析・判断に焦点をあわせた事例など10事例をネット上に公開して，教員のサポートを行っている。その他，ホームページ上でも多くの素材集や実践例が掲示されている。このような成功例を調べると，情報教育が奏効している学校には一定の傾向があることがわかる。それは，学校が大きなテーマを掲げ，それを各学年，クラスでより詳細なテーマを設定し，学校全体で取り組んでいる学校や，少なくとも学年単位でテーマを設定し，実践している学校である。

注

(1) 教育情報ナショナルセンター「情報教育の実践と学校の情報化――新『情報教育に関する手引き』」（2002年6月）
http://www.nicer.go.jp/mext/it/tebiki.html
(2) 文部科学省「学校における情報教育の実態等に関する調査結果」（2003年3月31日）
http://www.nicer.go.jp/mext/it/jittai14.html
(3) 文部科学省「学校における情報教育の実態等に関する調査結果」（2002年）
http://www.mext.go.jp/b_menu/houdou/15/07/03070501.htm
(4) 高階玲治編著『こんなときどうする新教育課程 No. 1 小学校「総合的な学習の時間」』教育開発研究所，2003年，148-151頁
(5) 本田敏明編著『情報教育の新パラダイム』丸善，2003年，173-196頁
(6) 同上書，197-216頁
(7) 教育情報ナショナルセンター「情報教育の実践と学校の情報化――新『情報教育に関する手引き』」（2002年6月）
http://www.nicer.go.jp/mext/it/tebiki.html

（原　清治）

第3節　情報教育における留意点

1　情報教育に望ましいこと，してはならないこと

　ここでは情報教育のあり方と展望について論じていく。情報化社会の急激な進展のなかで，どのような子どもを育成すべきなのかについて，教員はつねに考えなければならない。単発・イベント形式の「総合的な学習の時間」などでは，どのような形態でもコンピュータを使用すれば情報教育を行ったとするとか，コンピュータの操作のみに終始する授業では，情報教育がもつ本来の目的からはかけ離れてしまう。「情報教育の実践と学校の情報化──新「情報教育に関する手引き」」(1)のなかで，情報教育にとって何が必要であるかが論じられている。

　　情報教育では，単に「インターネットやコンピュータを活用する」機会や「情報を主体的に収集，判断，表現，処理，創造し，発信できる」機会を増やせばいいのではない。むしろ，情報を選択したり，メディアを適切に選択したり，自己評価する能力の育成が重要な意味をもつ。

　このように，情報の取捨選択や優良な情報を識別する能力，メディアを選択する能力に重点が置かれていることを忘れてはならない。情報技術の進展は，今後ますます進んでいくであろう。そのなかで，情報技術の操作習得に力点を置くことは，際限がない「いたちごっこ」になることに違いない。より重要なことは，自分の問題解決に最も良いツールは何であるのか，この情報は問題解決に役立ったのかなど，情報処理を行うプロセスを重視することが今後の情報教育に望まれることである。あくまでコンピュータは，問題を解決するための道具であり，使用することが目的となってはいけない。この道具を活用するこ

とでどのような正の効果があり，どのような負の効果があるのかといった点も深く考察する必要がある。

　また，近年問題となっている違法コピーや著作権の問題についても，教員がその認識に立たない限り，モラルや社会マナーを知らない子どもたちを生むことにもなる。情報教育の3本柱のひとつにも記載されている「情報教育に参画する態度」の育成には，著作権をはじめとする情報モラルや責任についての学習も早急の課題としてあげられている。

　情報モラルや著作権は，大学生だけでなく小・中・高等学校の教員においても認識が甘く，安易に考えている傾向が強い。大学生に情報モラルについての質問を行っても，真剣にこれまでの学校生活のなかで取り組んできた学校や学生は1割にも満たない。また，スクーリングを受講している学校教員にも同様の傾向がみられた。このように考えると，現状では情報教育の柱の一つ，「情報活用の実践力」の育成にばかり重点が置かれているといっても過言ではない。

　今後，ますます情報への依存は高まることが予想される。現状の教育では，知識や技術の習得という偏った教育がなされているが，モラルやマナーといった社会的態度の育成が，今後重要となってくる。なぜなら，情報機器の発達やネットワークの進展により，情報の発信・受信，情報の複製など，誰でも簡単に行うことができるようになり，そのため，誰もが，犯罪に手を染める，法を犯すことが容易になってきたからである。つまり，これからの情報教育のあり方が，日本の将来を左右するといっても過言ではない。このように考えると，情報教育の方向性が，すなわち，教員が児童・生徒に何を教えていかなければならないのかが，おのずとみえてくるであろう。

　教育内容の再確認や内容変更等も重要であるが，まずもって教員が最も注意しなければならないことがある。それは，児童・生徒へのコンピュータの親和性の問題である。これは，コンピュータ嫌いにさせたり，恐怖の意識を植えつけてはならないということである。とくに小学校1年生で，初めてコンピュータに触れる児童は多い。そこで，教員がむやみやたらにしかりつけたり，コンピュータの利点ではなく問題点ばかりを強調し，恐怖感を煽るような指導はけっして行ってはならない。なぜなら，この親和性が，社会的，文化的な背景を

もつデジタルデバイド（情報格差）を縮小させる手段となる可能性があるからである。コンピュータへの親和性をもつ児童は，情報機器やネットワークに，積極的な関わりをもちつづけることが予想される。したがって，現在では各個人の情報への依存度による格差が生じているが，親和性の育成によって，学校教育のみならず，自分から積極的にその解消に力を注ぐことが考えられるのである。「総合的な学習の時間」や技術・家庭科，情報において，コンピュータに対するプラスの意識を育成することが必要である。学校教育で情報格差を拡大させるのではなく，少しでも縮小させなければならない。つまり，「コンピュータの好きな児童・生徒を育成する」という認識に立ちながら，教員は教育活動を行っていかなければならない。

2　著作権について

近年，知的財産権（知的所有権）や著作権という言葉をよく耳にするようになってきた。とくに，コンピュータやインターネットの急速な普及によって，他人の著作物を無断で使用，複製するようなことが容易になったのである。以前までは，紙や磁気テープなどのアナログ的な媒体に記録されてきたが，マルチメディアの発達とともにさまざまな種類の情報を1つの媒体で記録できるようになってきた。さらに，デジタル情報で正確にコピーができ，大量の情報を簡単に記録できるうえ，インターネットで瞬時のうちに世界中に情報を伝達することが誰でも簡単にできる社会になってきた。そこで問題となるのが，著作権の問題である。著作権は，行政や教育機関でも数多く問題となっている。たとえば，パソコンにインストールするソフトは，1台につき1CD（1ライセンス）であるが，それを教室すべてのパソコンに使いまわしたり，他人のホームページの画像を許可なく無断で使用するなど，著作権に対する認識は，個人や行政を問わず，非常に低いといっても過言ではない。ここでは，著作権とは何か，留意しなければならない点も含め論じていく。

表2-2　著作物一覧

言語の著作物	論文，小説，脚本，詩歌，俳句，講演など
音楽の著作物	楽曲および楽曲をともなう歌詞
舞踊，無言劇の著作物	日本舞踊，バレエ，ダンスなどの舞踊やパントマイムの振り付け
美術の著作物	絵画，版画，彫刻，まんが，書，舞台装置など（美術工芸品を含む）
建築の著作物	美術的な建築物（設計図は図形の著作権）
地図，図形の著作物	地図と学術的な図面，図表，模型など
映画の著作物	劇場用映画，テレビ映画，ビデオソフトなど
写真の著作物	写真，グラビアなど
プログラムの著作物	コンピュータ・プログラム
二次的著作物	上表の著作物を翻訳，編集，変形。翻案（映画化など）し作成したもの
編集著作物	百科事典，辞書，新聞，雑誌，詩集などの編集物
データベースの著作物	データベース

（出所）　社団法人著作権情報センター『はじめての著作権講座2003』2003年，3頁。

1　著作権とは何か

　まずはじめに，著作権とは何かである。著作権法によると，著作権とは著作物を創作した人に与えられる権利である。著作物とは，「思想又は感情を創作的に表現したものであつて，文芸，学術，美術又は音楽の範囲に属するもの」と定義されている。したがって，この範囲内であれば，すべてのものが著作物となり著作権法によって保護される。たとえば，小学校で子どもたちが作成した絵や作文なども立派な著作物であり，それを教師が無断でコピーしたり，公表したりすることは注意しなければならない。表2-2は，著作物の種類の一覧表である。

　上記に含まれないもの，たとえば，憲法やその他の法令，裁判所の判決や命令などは著作物であっても著作権はないし，アイデアやキャッチフレーズは通常は保護されない。

　日本では，著作権は，著作者が著作物を創作した時から自動的に発生（無方式主義）し，権利を得るための手続きや申請は基本的にはない。また，著作物

は，永久的に保護されるのではなく，著作者の生存中および死後50年間となっている。有名なところでは，小説家の芥川龍之介など，死後50年を経過しているものは著作権を行使されない。

2 著作者人格権と著作権（財産権）

次に，著作者の権利にはどのようなものがあるのだろうか。それは，著作者人格権と著作権（財産権）に分類することができる。著作人格権には，公表権や氏名表示権などがあり，財産権では，複製権や上演権，貸与権，口述権などが存在し，著作者の権利を明確に示している。これにより，著作者の利害を損なわないように法律で定められている。

しかし，著作物も著作者の許諾を得ずに，自由に利用できる場合がある。それを規定しているものが第35条である。

> 学校その他の教育機関（営利を目的として設置されているものを除く。）において教育を担任する者は，その授業の過程における使用に供することを目的とする場合には，必要と認められる限度において，公表された著作物を複製することができる。ただし，当該著作物の種類及び用途並びにその複製の部数及び態様に照らし著作権者の利益を不当に害することとなる場合は，この限りでない。

これにより，学校や教育機関では，基本的に著作者の許諾なしに著作物を扱うことができる。これは，著作者の利益保護は重要であると同時に，文化の伝達，発展も促進しなければならない。そのため，学校や教育機関では，非営利を前提にした形で，著作物を自由に扱うことを許可しているのである。これを聞くと多くの人が，「教育機関では何でもありだ」と認識してしまう傾向が強いが，大きな間違いであり注意しなければならない。次に，学校，教育機関での著作物の取り扱いについて論じていく。

3 著作物の学校や教育の範囲内での取り扱いについて

たとえば，ある本の一部分を複製して児童・生徒に配布する場合，1クラス

表2-3　自由に使用できる場合

私用目的のため	自分自身や家族などに限られた範囲で利用するために著作物を複製することができる
図書館などでの複製	法律で定められた図書館に限り，利用者にたいして複製物の提供を行うことができる
引用	自分の著作物に引用目的上正当な範囲内で引用することができる
点字による複製	点字によって複製することができる
時事問題の転載	新聞，雑誌に掲載されていた時事問題に関する論説は，転載禁止がない限り転載できる。
情報公開法による開示のための利用	情報公開法や情報公開条例により，開示する著作物を複製したり，再生したりすることができる

（出所）　社団法人著作権情報センター『はじめての著作権講座2003』2003年，24頁より作成。

　全員に1部ずつ配布するならば問題ないのだが，必要以上に（余分に）複製することや全校生徒の人数分を複製すること，教員でなく事務員が複製を行うことも原則的には著作権の侵害にあたる。また，複製に関しても，活版印刷して永久的に保存ができるような態様は，この適用を受けない。いずれも，学校教育のなかで，授業における使用を目的とする場合であっても，「必要最低限」において適用されるものであり，拡大解釈することのないよう認識しなければならない。これは，35条の後半部分にある「当該著作物の種類及び用途並びにその複製の部数及び態様に照らし著作権者の利益を不当に害することとなる場合は，この限りでない」において，規定されている。よく，「授業内でのホームページ作成にあたり，ある歌手の曲をBGMで流すのはどうですか」や「キャラクターをホームページに貼り付ける」などの質問があるが，一般的には授業に使用する必然性は認めがたく，第35条の必要と認められる限度を越えていると考えられている。著作者の利害を不当に害することとなる可能性があり，デジタル化による複製も今後の問題として考えていかなければならない。その他，自由に使用できる場合を表2-3に掲載する。

　このように，著作物への取り扱いが厳しくなり，著作権についての認識が高まるなかで，学校教育のなかでどのような取り扱いをしていかなければならないのか。道徳，総合的な学習の時間や技術・家庭科，情報などで，情報教育や情報倫理として取り扱わなければならない。それは，情報教育の目標の一つで

ある「情報社会に参画する態度」に明記されている。情報が社会に与える影響や役割，問題を理解し，情報モラルの必要性，責任に対する態度を育成しなければならない。情報化社会が進展し，情報通信機器の発展など，著作権や情報倫理に関わる問題が急増することは間違いない。著作物は著作権法という法律で保護されているが，法的制裁は完璧なものではない。そう考えると，情報倫理の育成は重要であり，なおかつ早急課題であるといえる。このような情報化が進展する社会では，著作権など知らないではすまされないことであり，誰もが権利の侵害者や犯罪者になりかねない。その認識の育成は，社会を生きていくうえでより重要となっていくであろう。その役目を学校教育が担う意義は大きい。しかし，校長をはじめ教員においても，著作権や情報倫理についての認識や知識はまだまだ乏しいのが現状である。そのなかで，著作権や情報倫理の授業を行うと，知識を一方的に押しつけるだけのものとなってしまう傾向がある。そのための研修や講演などに教員を派遣し，著作権等の意識をもたせて教育活動に取り組まなければならない。

3　情報教育の課題

　最後に，情報化の進展が人間形成や教育に及ぼす影響について考えてみたい。それは，とりもなおさず発展過程にある今日の情報教育の特色であり，かつ今後の情報教育の課題となるからである。

　今後ますます「情報」への依存度は高まるであろう。したがって，玉石混交の「情報」量の増大は，個々人によって，それを取捨選択し処理する能力が求められるということである。しかし，すべての情報を処理することは現実的に不可能であるから，こうした情報化において情報に対する人間の反応は総じて次のようなパターンをとることを，A.トフラーは指摘している。[2]

(1)　新しい情報の受容を拒否し，環境への積極的対応をもたない生活に閉じこもってしまうパターン

(2)　特定の生活領域についての情報を受容し，生活全体に対する視野をも

たなくなってしまうパターン
　(3)　従来の習慣に執着して，新しい変化への適応を拒否するようなパターン
　(4)　単純な情報のみを受容し，複雑な情報を回避するようなパターン

　このような反応は，どれをとっても望ましいものであるとはいえない。いわば情報教育によってもたらされるマイナス面であり，「影」の部分である。このような反応傾向を防ぐために，情報教育は，上記で論じたようにその初期段階において，他の教科や学習にも増して，より一層，一人ひとりの特性に合わせた個別指導をすることが求められる。とりわけ，学校教育段階においては，それでなくてもテレビゲームやゲームソフトに熱中しすぎることによって，人間関係が希薄になり，それを形成するのが下手な(2)ないしは(3)のような反応を示す児童・生徒が存在することが問題点として報告されている。また，仮想現実（バーチャル・リアリティ）といったコンピュータの映像やソフトのなかでの疑似体験はあっても，実際の生活体験や自然体験をもたない(1)のような反応を示すケースも稀ではない。

　近年になって，若者を表象する言葉に「おかゆ文化」というのがある。これは，まさにおかゆのように，かみ砕いた平易な言葉で，わかりやすく伝達される知識や情報のみを選択的に受容する現象であり，(4)の反応ケースにあたる。今後，さらに新しいメディアが開発されるであろうし，また，マルチメディア化が進展するであろう。そうした状況にも対応できるような情報教育が求められる。その際には，こうした情報に対する人間の反応パターンも視野に入れた施策を講じなければならない。

注
（1）　教育情報ナショナルセンター「情報教育の実践と学校の情報化──新「情報教育に関する手引き」」（2002年6月），
　　　http://www.nicer.go.jp/mext/it/dlfiles/020706e.pdf
（2）　アルビン・トフラー，鈴木健次・桜井元雄他訳『第3の波』日本放送出版協会，1980年

参考文献

有園格・小島宏編著『学校の創意工夫を生かす「総合的な学習の時間」②情報，環境の展開』ぎょうせい，1999年

本田敏明編著『情報教育の新パラダイム』丸善，2003年

情報教育学研究会・情報倫理教育研究グループ『インターネットの光と影』北大路書房，2000

佐伯胖『インターネット学習をどう支援するか』岩波書店，2000年

高橋勝義『総合学習の理論・実践・評価』黎明書房，1998年

文部科学省：「学校における情報教育の実態等に関する調査結果」
　　http://www.nicer.go.jp/mext/it/jittai14.html

文部省『高等学校学習指導要領解説 情報編』2002年

大隈紀和監修・浅井和彦編著『インターネットと総合学習』黎明書房，2003年

教育情報ナショナルセンター「情報教育の実践と学校の情報化――新「情報教育に関する手引き」2002年
　　http://www.nicer.go.jp/mext/it/tebiki.html

社団法人著作権情報センター「はじめての著作権講座2003」2003年

堀部政男『インターネットと法』新世社，2003年

梅本吉彦『情報社会と情報倫理』丸善，2002年

原清治「情報教育」宮脇陽三編著『教育学』ミネルヴァ書房，1997年，332-339頁

　　　　　　　　　　　　　　　　　　　　　　　　　　　　　　（藤田智之）

第4節　情報通信機器の学校教育現場への普及

　学校教育現場へのコンピュータ等の情報通信機器の導入状況を概観する。小・中・高等学校における各教科や総合的な学習の時間等での情報通信機器の扱いについてふれる。また，節末にはこれらに関わる URL を載せた。積極的に活用して，詳細を検討するようにしてほしい。

1　学校でのコンピュータの設置状況と教育目標

1　学校種別コンピュータの設置状況

　学校教育現場へのコンピュータの導入は，この10年間で大幅に増加した。文部科学省の調査(1)によると，2002（平成14）年度（2003年3月31日現在）の公立小学校において，1学校あたりの教育用コンピュータの平均設置台数は24.4台となっており，これは，コンピュータ専用教室における児童2人に1台の環境に加えて，各教室へのコンピュータの導入が具体的に推進されている結果と考えることができる。

　一方，中学校においては，1学校あたりの教育用コンピュータの平均設置台数は，41.6台となっており，コンピュータ専用教室での生徒1人に1台の環境がほぼ整備されつつある。さらに，高等学校においては，平均設置台数は94.7台であり，コンピュータ専用教室に加え，各教室等にかなりの数のコンピュータが設置されていることがわかる。

　普通教室へのコンピュータの設置状況は，小学校では13.7％，中学校では10.8％，高等学校では21.7％となっており，今後はコンピュータ専用教室でのコンピュータの使用に加え，普通教室においてもコンピュータと大型の画面提示装置が常備され，各教科の授業での電子黒板としての使用が本格化してくると予想される。

2 コンピュータを用いた教育の目標

小学校学習指導要領（1998）では，総合的な学習の時間において次のような扱いが求められている。

> (1) 自ら課題を見付け，自ら学び，自ら考え，主体的に判断し，よりよく問題を解決する資質や能力を育てること。
> (2) 学び方やものの考え方を身に付け，問題の解決や探究活動に主体的，創造的に取り組む態度を育て，自己の生き方を考えることができるようにすること。

そして，上記のねらいをふまえたうえで，

> 例えば国際理解，情報，環境，福祉・健康などの横断的・総合的な課題

を取り上げることが記されている。この「情報」に関する具体的な扱いについては「指導計画の作成等に当たって配慮すべき事項」のなかで以下のように記されている。

> 各教科等の指導に当たっては，児童がコンピュータや情報通信ネットワークなどの情報手段に慣れ親しみ，適切に活用する学習活動を充実するとともに，視聴覚教材や教育機器などの教材・教具の適切な活用を図ること。

小学校では，コンピュータ等に慣れ親しむことが内容として記されているが，この間のコンピュータの各家庭への普及状況をかんがみるならば，児童の実態に即してさらなる積極的な活用が図られてよいであろう。

また，すでに中学校では，前回の学習指導要領の技術・家庭科において，「F　情報とコンピュータ」の項目が設置され，「コンピュータの操作等を通して，その役割と機能について理解させ，情報を適切に活用する基礎的な能力を養う。」と明記されており，技術・家庭科を中心に教育が実施されてきた（中学校学習指導要領，1989）。また前述のように，生徒1人に1台の環境がほぼ整備されつつあり，コンピュータの教育利用は一定の形をつくりつつある。

一方，高等学校は，この間，最もコンピュータの教育利用が遅れており，2003（平成15）年4月から実施された新教科「情報」において，ようやく情報に関連する内容を実質的に扱うこととなった。必修科目であることからも，今

後はある一定の成果が期待されており，ようやく，小学校から高等学校までの情報の教育は，制度面では一貫性をもつようになりつつある。

2 通信回線の整備状況

1 インターネットの普及がもたらす地域への影響

　現在，コンピュータの機能として最も有用なものがインターネット等のネットワークの利用である。以前は，文章を作成するワードプロセッサー，さまざまな計算やグラフを作成する表計算ソフト，自前でプログラムを作成するといった使用が主であったが，インターネットの爆発的な普及により，ネットワーク間での情報のやりとりが，まさにコンピュータ使用の中心的な役割を担いつつある。

　今や文部科学省等から出される各種答申は，全国どこからでもホームページよりダウンロードが可能であり，書物もホームページによる注文で数日内に宅配便で配送がなされる。以前は都市部と山村部とでは，こうした情報取得において量的，時間的にも大きな格差が存在していたのが，現在ではほとんどそれを感じさせないようになった。そして，情報教育を行ううえでの環境が最も整っているのは，離島等の地域であり，各自が常時1台のコンピュータを使用し，衛星通信回線によってTV会議を行うことができる学校も少なくない。

2 学校教育現場でのインターネットの普及とその実際

　学校教育現場におけるインターネット接続およびホームページ開設等の現状について，資料を基に検討する。学校のインターネット接続率は，小学校では99.4％，中学校では99.8％，高等学校では99.9％であり，ほぼすべての学校がインターネットに接続された環境となっている。一方，ホームページ開設の割合については，小学校で54.5％，中学校で54.0％，高等学校で85.2％となっている。ホームページの開設については，たとえば京都市内のように全校がすでに開設しているという地域もみられるが，とりわけ，小・中学校では積極的な運用がみられるところはそれほど多くはない。これは，現段階ではホームペー

ジによって保護者との連絡を行うまでのインフラの整備がなされておらず，ホームページによる情報発信の目的の不明確さに起因していると考えられる。

　一方，実際の授業においては，インターネットやホームページを介した調べ学習等が行われているが，とりわけ小学校段階では慎重に行う必要がある。有害情報等に対する配慮はもちろんのこと，一般にホームページ内の文章は大人が読むことを前提に記されており，小学生が理解可能なホームページの数はそれほど多くない。ともすれば，ホームページの文章をコピーしてプリントアウトするだけで学習が終わってしまう場合も少なくない。実のある学習が展開されるためには，得られた情報をどのように理解し，解釈するのかといったことをふまえた教育内容の構築が求められるのである。

3　教育に情報通信機器を用いることの意義

1　思考の延長としての「道具」

　「コンピュータは単なる道具ですから，まずは教育としてやりたいことや目標を考えてみてください。それが最も大事なことなのですから。やりたいことがみつかれば，後は私たちがサポートします。」

　コンピュータ初心者に対する教員研修等で発せられる言葉に，上記のようなものがある。しかし，多くの教員は，その時点で言葉を発することができなくなってしまう。そして，自身の発想の貧困さをうらみ，コンピュータに対する嫌悪感が増幅する。しかし，間違いは，上記の問いの立て方にある。コンピュータとはなにものか，そして何ができて何ができないのか，教育用ソフトを自前でつくるためにはどれぐらいの時間と労力が必要なのか，そういった情報もなしに，やりたいことがみつかるはずもない。

　また，道具であるという言葉は，誤解を招く可能性がある。「道具なのだから」という言葉が，それに振り回されたり，過大評価したりする必要がないという意味を含んで用いられている場合が多いのだが，むしろ事態は逆である。ワードプロセッサーによるタイピングに慣れてくると，頭のなかに次々と浮かんでくる言葉やアイデアとタイピングするスピードが対応するようになり，画

面が瞬く間に文字で埋まっていく。そしてその文章をプリントアウトして読み直すと，なるほど自分はこのように考えていたのだということを逆に教えられたりもする。これが，性能の悪いコンピュータであると，コンピュータの速度が思考に追いつくことができず，思考が何度も中断されてしまう。結果，文章は貧弱になり，先ほどまで確かに頭のなかに存在していた新たな考えもどこかに消え去ってしまう。

大工や料理人は，自分の使う道具に対してきわめて神経質に手入れを行う。スポーツ選手も，自分の使う「道具」をていねいに管理する。彼らにとって「道具」は，自分の手の延長であったり，体の延長であったりする。その「道具」は，誰もが使えるものというのではなく，自分のものでなくてはならない。持ってくるのを忘れたからといって，他人のものを借りてもうまくいくわけではない。

コンピュータはまさに，人間の思考の延長としての「道具」といえる。思考という目に見えない現象を，言語，表，グラフ，静止画，動画といった可視化の方法を用いて，記録，整理，分析することのできる強力な「道具」なのである。もちろん，上記のことを実現することのできる「道具」は他にも存在する。鉛筆と紙は，現在でも有効な言語を表現する「道具」である。ただ，コンピュータの場合，言語，表，グラフ等を自由に関連させたり，それらを整理して蓄積しておいたりすることが可能である。したがって，コンピュータの教育利用を考える場合，各ソフトウェアの使用法を教えるだけでなく，上記のコンピュータの特徴を体感することができるようにしていかなくてはならない。

2　よりよい教育の実現のためには

学校教育において情報通信機器を使用することは，お絵かき，文章作成，インターネットの使用といったことだけでは不十分である。上記のコンピュータの特徴等をふまえた教育を展開していく必要がある。

たとえば，学校区内の地図づくりを行う場合であれば，子どもたちがみつけてきた，とっておきの場所をデジタルカメラで撮影し，コメントを入れていく。それをコンピュータ画面上の地図のところに入れていき，マウスでクリックす

るとその写真とコメントとみつけてきた子どもの名前が表示されるといった作業を行う。一見，模造紙にそれらを貼り付ける作業と同様に見えるかもしれないが，重要なことは，次年度の子どもたちはそのコンピュータの画面上にさらに新たな情報を付け加えていくことができることである。こうして，5年間も継続すれば，かなりの量のデータが蓄積されることになり，大人でもそれらを活用して楽しむことができるようになるのである。いわば，教材として単年ごと，単元ごとに使い捨てるのではなく，継続的に活用することが可能であり，継続によって十分に社会的価値をもったものが子どもたちの手で形づくられることが可能であるというところに，コンピュータの使用価値がある。ソフトウェアの使用についても，漢字練習ソフトや計算練習ソフトにとどまらず，子ども自らが試行錯誤して考えることができたり，学習の過程において作品等の製作が行えたりするようなものが望ましい。

4 教員に要請される情報リテラシー

1 教員に求められる情報リテラシー

　現在の学校教育現場において，各教員のコンピュータ使用のスキルは必要不可欠である。すでに，教育委員会から各学校への書類の送信も，電子メールを通じて行われている地域が多い。学校内においても，各種行事等の書類はコンピュータにデータ保存されており，次年度の計画はそのデータをもとにつくられる。そうしたデータに1年でも空白ができれば，効率が極端に悪くなる。したがって，教員は子どもの教育においてコンピュータを使用する前に，日常のさまざまな業務においてコンピュータを使用する能力が問われるのである。

　現在，コンピュータを操作できる教員の割合は，小学校では88.0％，中学校では87.1％，高等学校では89.0％と，いずれの校種においても9割近い教員がコンピュータを操作できるようになっている。一方，コンピュータを使って教科指導ができる教員の割合は，小学校で46.5％，中学校で26.9％，高等学校で14.4％となっており，全般的に低い割合にとどまっている。これは，小学校では学級担任制が多く，すべての教員が授業において使用を求められるのに対し

て，中学校・高等学校では，教科担任制のもと，特定の教科（技術家庭科，情報）において使用が義務づけられていることによると考えられる。しかし，小学校から高等学校までの流れを考えると，むしろ上級学校の各教科においてコンピュータの使用が積極的に検討されるべきであり，特定の教科だけで扱うという方向性を打開していくことが今後の課題となる。

2　教員に求められる指導力とは

　情報通信機器を活用した教育を構築するうえで教員に求められることは，次のようなことである。
　① 情報通信機器の仕組みの理解
　② 情報通信機器の使用方法の習得
　③ 情報倫理に関わる内容の理解
　④ 情報通信機器を用いた授業の設計・実施・反省

　まず，①については，コンピュータの構造についての簡単な仕組み，ネットワークの概念，各機器の用途等を理解しておくことが必要である。これらは，市販の解説書等において学習することが可能である。

　次に，②の使用方法の習得については，コンピュータの配線接続，起動，終了，ファイル管理等の基本的なコンピュータ操作から，各種ソフトウェアを適切に用いるところまでの広範な内容を指す。習得に向けては，グループで取り組むなど，お互いの共同作業が能率的である。あまり細部に入り込まず，大枠の理解を心掛けるようにするとよい。

　③の情報倫理については，有害情報からのガード，学校に蓄積されている子ども，保護者，教員の個人情報の漏洩を防ぐための具体的な方策についての理解が求められる。学校ホームページ等においても，特定の子どもの顔が明確になる写真の使用や，さまざまな個人情報については，とくに慎重な取り扱いを行わなくてはならない。

　④の情報通信機器を用いた授業のあり方については，次節において具体例をもとに詳細を記すが，要は，ソフトウェアの使用方法だけに特化したものや，単にお絵かきやゲームを行うといった授業では不十分であるということである。

教育のねらいの明確化と，コンピュータの活用がどういった意味をもつのかということにつねに言及しながら授業を設計していく視点が重要となる。

注
（1） 本節において，コンピュータ等の学校教育現場への普及状況に関連するデータはすべて以下のホームページより抜粋した。
文部科学省ホームページ　報道発表一覧（2003年7月5日）
「学校における情報教育の実態等に関する調査結果」
http://www.mext.go.jp/b_menu/houdou/15/07/03070501.htm
（2） 京都市立学校のホームページ　http://www.edu.city.kyoto.jp/hp/index.html
（3）「コンピュータを操作できる教員」とは，次のような操作例のうち，2つ以上の操作ができる場合に該当（詳細は，注(1)のホームページ参照）。ファイル管理，ワープロソフトウェア，表計算ソフトウェア，ホームページ作成等。

参考文献および参考 URL
文部省『小学校学習指導要領』大蔵省印刷局，1998年
文部省『中学校学習指導要領』大蔵省印刷局，1989年
文部科学省ホームページ　http://www.mext.go.jp/
教育情報ナショナルセンター　http://www.nicer.go.jp/
尼崎コンテンツ研究会
　　http://kids.gakken.co.jp/campus/academy/amagasaki/index.html
世界の指導案　http://jcultra.cc.osaka-kyoiku.ac.jp/LPIW/
学習教育に役立つリンク集　http://web2.incl.ne.jp/yaoki/link.htm
数学博物館　http://mathmuse.sci.ibaraki.ac.jp/
放課後の数学　http://www.kwansei.ac.jp/hs/z90010/hyousi/2106.htm

（黒田恭史）

第5節　情報通信機器を用いた教育のあり方

　情報通信機器を用いた具体的な授業例をもとに，そのあり方について検討する。教育としてのねらいと，コンピュータを使用することの意義等について念頭に入れながら，学習を進めてほしい。

1　ソフトウェアを用いた学習教材

1　教育用ソフトウェアの設計

　教育用ソフトウェアは，現在さまざまなものが開発されているが，大きく分けて習熟型と実験型，個人使用とグループ（全体）使用の4つのタイプに分類することができる。たとえば，習熟型で個人使用のタイプとしては計算ドリルや漢字ドリル等があり，個人のスキルアップのために活用される。一方，実験型でグループ（全体）使用では，関数の係数を変えることによってグラフがどのように変化するかを観察するといったことに活用される。また，実験型の個人使用では，小型のグラフ電卓等によって，各自がそうした関数の変化を個別に調べることができる。

　このように，教育用ソフトウェアの使用も，教師のねらいや，学習者のニーズに合わせて，適切な活用を図る必要がある。一通りの使用方法を絶対視するのではなく，場面に応じて適切に活用するためには，各使用方法のメリット・デメリットを正確に把握しておくことが重要となる。

2　ソフトウェアを用いた具体的実践例

　ここでは，「異分母分数の加法の学習」における教育用ソフトウェアを取り上げ，コンピュータを活用することの有効性について検討することにする[1]。タイプとしては，実験型で個人使用とする。

$\frac{1}{2}+\frac{1}{3}=\frac{5}{6}$ は，分数指導において子どもが理解困難な内容の一つである。とりわけ，計算の意味を理解させることが困難であり，ともすれば計算方法の指導のみになりがちである。分数のソフトウェアを用いることで，通分の意味を視覚的に理解させることが可能ではないかと考え，以下のソフトウェアを考案した。なお，本ソフトウェアは，小学5年生算数教科書（学校図書）用として，筆者が開発に携わったものである。

図2-3は，$\frac{1}{2}$ と $\frac{1}{3}$ を代入して，その長さが線分図で示された状態である。一番下の部分には，両方を足した長さが示されている（図の中の〇と矢印は，説明のため図版に付加したものである。以下同。）。この足した長さを分数で正確に表現する作業を学習者が試行錯誤的に行うことを通して，分数の加法の意味と方法を理解させるソフトウェアである。図2-4は，1を4等分した線が入った状態である。学習者は何等分という箱に自由に数字を入れて確認ができる。図2-5は7等分したものである。ピンク色の線分の長さとわずかにずれており，7等分では正確に表現することができない。図2-6は6等分したものである。線分がぴったりと重なっており，$\frac{1}{2}$ と $\frac{1}{3}$ を加えた数値が $\frac{5}{6}$ となることがわかる。その結果をもとに，$\frac{1}{2}=\frac{3}{6}$，$\frac{1}{3}=\frac{2}{6}$ と通分を行い，計算過程を理解する（図2-7）。さらに，図2-8のように12等分した場合もぴったりと重なるため，$\frac{5}{6}=\frac{10}{12}$ となることを学習者自らの操作において発見することが可能となる。紙と鉛筆であれば，こうした正確な分割や，試行錯誤が不可能なため，一通りの計算方法を教師が子どもに教え込むという形になりがちである。コンピュータは，こうした学習者の試行錯誤を保障することから，子ども自らの学習に重心が置かれることになるのである。

2 学習教材の共有化

1 インターネット上の教材

インターネットの普及により，日本各地の学校での先進的な教育実践が，ホームページ上で閲覧・使用可能となってきた。以前であれば，教科書とそれに準じた指導書等をもとに学習指導案を作成していたのだが，現在では，同一

第 2 章　情報化社会と情報教育

図 2-3　1/2 と 1/3 の線分図

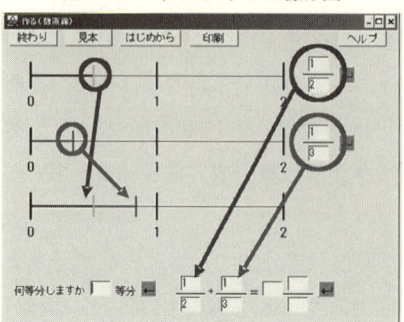

図 2-4　線分を 4 等分

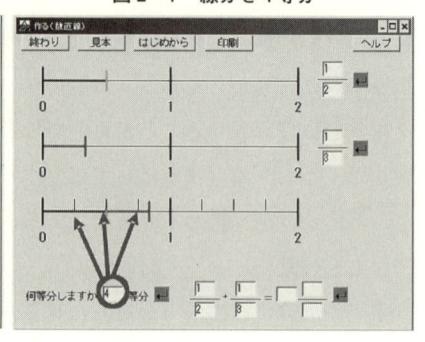

図 2-5　線分を 7 等分

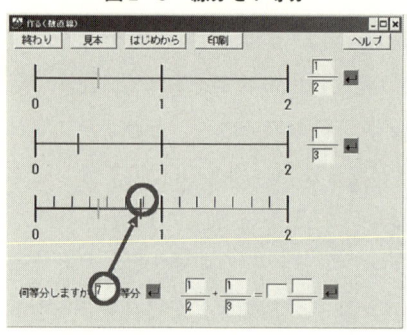

図 2-6　線分を 6 等分

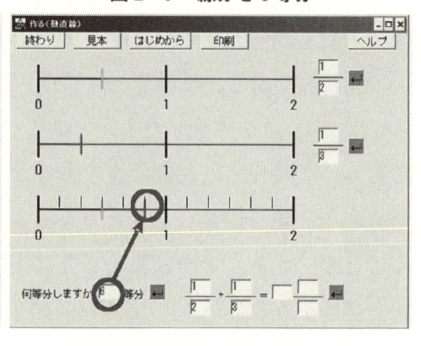

図 2-7　分数を通分

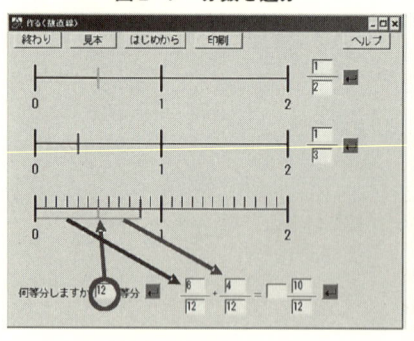

図 2-8　線分を 12 等分

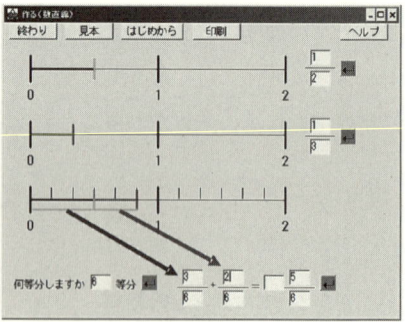

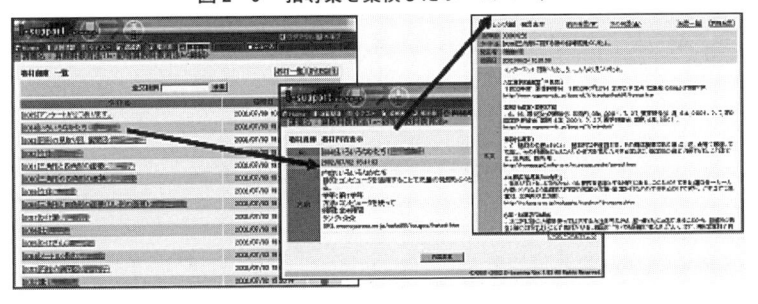

第5節　情報通信機器を用いた教育のあり方

図2-9　指導案を集積したホームページ

の単元内容であっても，数多くの実践例をもとに，授業設計を行っていくことが可能である。

　学習歴の多様化が進む子どもたちに対して，各自に適切な教育内容を提供することが以前よりも重視されてきている。その際，すべてを自前で用意することは時間的，労力的にも不可能である。ネットワーク上のコンテンツを有効に活用することで，各自に見合ったコンテンツの提供がかなり実現することになる。したがって教師には，適切な子どもの実態把握が要求されるようになる。

　また，各市町村の教育委員会レベルで，授業設計のデータベース化やホームページのリスト集等の作成が進められている。また，大学の講義においてもそうした集積を行うことが可能となってきている。図2-9はその一例である。学生が探してきた指導案のホームページ集となっており，各自がその指導案の基本的な情報（単元内容，目的，学年，方法，時間数等）をピックアップして，検索しやすいようなものになっている。

2　教材の共有化

　中学校の数学の2次関数の授業では，教師が黒板に座標軸を設定し滑らかな2次関数のグラフをかくことが一般的であるが，グラフを正確にかいたり，かき方の詳細な過程を示したりすることは意外と困難である。ソフトウェアと教材提示装置を活用すれば，こうしたグラフも正確に提示することが可能となる。またかき方の詳細をゆっくりと示したり，繰り返し見せたりすることも容易であることから，学習者の進捗状況に合わせて，臨機応変な対応も可能となる。

そして，こうした教材は，内容の修正や追加も容易であるため，随時改良可能である。さらに，多くの教員が共有してこうしたソフトを活用すれば，教育の質の向上につながると考えられる。

3　遠隔協同学習の具体的事例

1　遠隔協同学習の教育的意義

　通信機器の急速な発展は，教室という閉じた空間内でのコンピュータの活用にとどまらず，異なる学校の教室間を，リアルタイムに映像と音声で結ぶことを可能にした。異なる教室の子どもたちが，協同で学習を行うことができるようになったのである。こうした教室環境を前提とした学習のことを，遠隔協同学習と呼ぶ。

　一般に，学校教育では，子どもが自分の考えをもつことや，自ら課題を設定してそれについて調べ発表するといった力を育てようということがめざされているが，それを実現するための授業構築の段階では困難な点も少なくない。そうしたなか，遠隔協同学習は，子どもの自立的な学習を実現するための一方法として注目されるであろう。つまり，遠隔協同学習では以下の3つの事項が目標となる。

① 双方の学級がオリジナルな内容を学習し，それを交流することで，子どもたち側から新たな学習課題が生まれ，学習が進められていくようになる。

② 学習内容を自分たちでまとめ，相手にわかりやすく発表することができるようになる。

③ 相手の発表を聞き，それを認め合ったり，感想や自分の考えを発表したりすることができるようになる。

2　実践例1——日本の学校間の遠隔協同学習

　前記の目標のもと，展開図を題材とした小学生の遠隔協同学習の実際について述べる。一方は車の展開図を学習し，もう一方は宝箱の展開図を学習する。車の展開図の学習では，展開図には何通りもの方法があることを学習する（図

第5節　情報通信機器を用いた教育のあり方

図2-10　車の展開図（左右とも同じ車になる）

図2-11　宝箱の模様（左は一例，右は模様の種類）

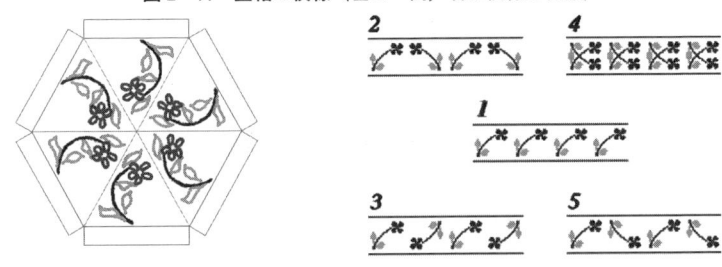

2-10）。宝箱の展開図の学習では，そこに描く模様の法則について学習する（図2-11）。その後，遠隔協同学習によって双方が発表・交流するという展開をとる。発表や交流を行うためには，双方が自分たちの学習した展開図の特徴をしっかりと理解し，それを相手にわかりやすく説明する力が要求される。また，相手の発表からその内容を正確に理解し，比較する力も必要となる。さらに，相手の発表内容に誘発されて，自分たちの学習内容を発展させる場合も生じてくるであろう。このように，遠隔協同学習では，教師よりも学習者が主体となって学習が進むところに特徴があるといえる。写真2-1は子どもたちが作成した作品である。

3　実践例2──海外との遠隔協同学習

　情報通信機器の発展は，日本国内だけでなく，海外の学校との遠隔協同学習を可能にしつつある。ここでは，日本とドイツの小学生同士が模様の学習を行うという遠隔協同学習の実際について検討する。写真2-2は，日本の子どもがドイツの子どもに向かって模様の内容や法則性について説明を行っている場

第 2 章　情報化社会と情報教育

写真 2-1　車と宝箱の作品

写真 2-2　日本からドイツへの説明

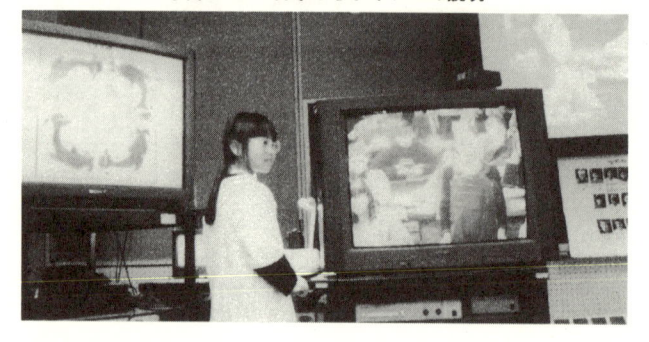

面である。写真 2-3 は，ドイツの子どもが日本の子どもに向かって模様を紹介している場面である。

　実際の遠隔協同学習では，言語，学習内容，文化的背景等が異なっており，さらには時差等の問題もあって，リアルタイムの交信はかなり困難である。しかし，文化背景の異なるなかでの交流は，子どもたちが自分たちの価値観や考えを客観化するのに役立つとともに，双方の文化の敬愛にもつながる取り組みであるといえる。一方，教員においては，世界のなかで日本の教育を考えていく契機ともなり，学習内容の違いを意識するとともに，本来，教育はどうあるべきかという根本問題への回帰を促すことにもつながる。子どもの発達を中心としたカリキュラムの開発が，世界的規模で希求されているのである。

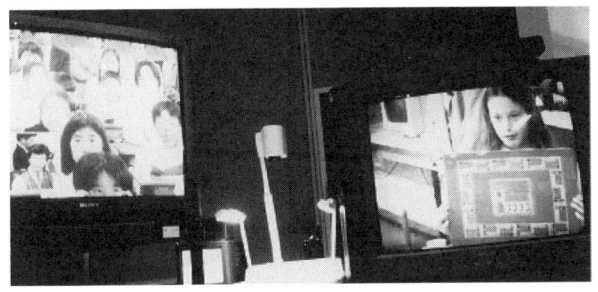

第5節　情報通信機器を用いた教育のあり方

写真2-3　ドイツから日本への説明

注
（1）高等学校数学のコンテンツが集められたホームページには，次のようなものがある。

　　高校数学問題集　http://amanojack.tripod.co.jp/top.htm
　　オルタナティブ・マス・クラブ
　　　　http://www1.kcn.ne.jp/~matheux/index.html
　　図形の部屋　http://www.tokorozawa-stm.ed.jp/center/edc/jigyou/math/
　　数学教材の部屋　http://homepage2.nifty.com/sintakenoko/
　　高校数学公式・JAVAアプレット
　　　　http://www.nakamura-sanyo.ed.jp/sanyo/yanase/
　　高校数学の基本問題
　　　　http://www.geisya.or.jp/~mwm48961/koukou/index_m.htm

参考文献
横地清・守屋誠司編著『算数＋情報教育2　低学年算数での情報教育』明治図書，2003年
柳本哲 他「『日中遠隔協同学習』に投影された日本の数学教育の課題（Ⅰ），（Ⅱ）」数学教育学会誌 Vol.42/No.3・4，2002年，15-24,25-32頁
黒田恭史「日本とドイツの遠隔協同学習について──評価を中心として」数学教育学会『研究紀要』Vol.39/No.1・2，1998年，81-87頁

（黒田恭史）

第3章
環境教育

第1節　「環境」とは何か

1　環境の概念

　「環境」という術語の氾濫のなかにいる私たちにとって，「環境」とは何なのかを考え直してみる必要がある。ちなみに日常的になったインターネットで，「環境」という言葉で検索をしてみると，6210件もの項目があがっている。また「環境に含まれるジャンル」ということで，書籍が1000冊も紹介されている。世をあげての「環境」時代である。

　沼田によれば，「今日広く使われている environment は明治のはじめころには，環象という訳語が使われ，明治末期には今日のように環境が使われるようになった。漢字を使った環境という字が中国にないはずはないと調べた結果は，かつては周囲の境界という意味であった。すなわち，万里の長城とか，あるいは中国の県の城壁のようなものが環境だということがわかった。今日日本語で使っている環境＝周囲を取り巻く外界の条件というのは，環象という言葉で中国でも使われていたという」[1]。

　今では「『環境』は，生物を取り巻き，生物との間で相互作用が行われる外界」と定義している。生物を取り巻く外界には，自然と，人間がつくりだしたものとがあり，その総合が環境である。このうち前者が「自然環境」であり，後者が「社会（人為）環境」となる。この環境を概念化すると図3-1のようになる。このうち宇宙に包含されるものはすべて「自然環境」の影響を受け，地球・国・地域・家族・個人は「社会環境」の影響下にある。厳密な意味では，宇宙（太陽系までは）にも社会環境が影響する。それは，人工衛星の存在を考えれば理解できる。図中の矢印は，人間の発達段階に応じて「環境」として認識できる範囲を示している。この認識（範囲）には個人差があり，そのことが

第 1 節　「環境」とは何か

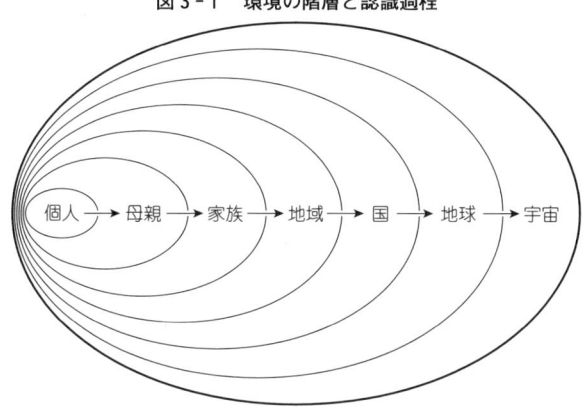

図 3-1　環境の階層と認識過程

個人 → 母親 → 家族 → 地域 → 国 → 地球 → 宇宙

今日の環境問題をより複雑にしているところがある。さらに「環境」の定義にある「生物との間で相互作用が行われる外界」である環境を「自然環境」と「社会環境」とに区分することがあるが，両者にもまた相互作用がはたらく。すなわち「自然環境」がそこに生息する生物（人間）の「社会環境」に作用し，その構成員に作用する。悪化した「自然環境」のもとでの生物（人間）の生活は，生物（人間）の「社会環境」を悪化させる。悪化した「社会環境」は，「自然環境」をより悪化させるように作用する。この相互作用が「環境」全体を悪くするという悪循環を繰り返す。この循環のなかで「社会環境」を左右するのは，人間の精神活動である。この精神活動によって，「環境」に対する思考がなされ，それが行動へと移行する。したがって「環境」を考えるうえで，私たち人間の「思考（精神活動）の場」＝「社会環境」が健全であるかどうかが問題となる。「環境」を考えるうえで最も重要なのは，この人間の精神活動の場である「環境」（これを「思考環境」と呼ぶ）をいかに健全なものにしておくかである。この延長線上に「環境倫理」や「環境倫理学」が登場することとなった。

2　何が「環境」問題か

　日々私たちの周りには，さまざまな環境問題が発生している。地球規模の問題として，地球温暖化・オゾン層の破壊・熱帯林の減少・酸性雨・砂漠化・海洋汚染・有害廃棄物の越境移動・発展途上国の公害問題・野生生物種の減少・核拡散とそれによる汚染問題・各地の戦争・富の偏在などである。これらの問題解決のために環境教育の重要性がいわれるが，その根本に「環境悪化」はすべての人に平等でないということをおさえておく必要がある。100年，200年というスパンで考えれば，すべての人に関わる問題であるが，環境悪化の初期段階では，その影響（被害）が社会的弱者（身体的弱者と経済的弱者に分けることがある）に，より大きな影響が出ることである。

　日本では，水俣病や四日市ぜん息の事例がそのことをよく表している。水俣病の場合，患者は水俣湾の漁民（経済的弱者）であったし，四日市ぜん息でも，その被害者は老人や乳幼児（身体的弱者）に多かった。さらに水俣病では，胎児性水俣病という世代を越えた弱者（身体的弱者）に被害が及んだことを重く考えるべきである。冒頭にあげた環境問題の多くは，地球上のすべての人類の将来を左右する問題であるが，かつて日本で「公害」と呼ばれた「環境問題」と同じ問題を含んでいる。すなわち，この大部分は先進工業国が責任を負うべき問題であるにもかかわらず，ここでも社会的弱者に，その影響がより大きく出ている。地球温暖化にともなって発生している海水面の上昇や，ヒマラヤでの氷河の融解による土石流の危機などがそれである。自然環境ばかりでなく，核問題も戦争もまったく同じ問題を含んでいる。

　さらに最近問題になっている二酸化炭素削減問題を考えると，環境問題こそが最大の政治問題であることがわかる。この問題では，1997（平成9）年京都で開催された「気候変動枠組条約第3回締約国会議（COP3）」で，会期を延長してまで取り決められた二酸化炭素削減についての条約に，世界で最も排出量の多いアメリカが，ブッシュ政権になって突如批准しないと意思表明したことである。地球温暖化は，今や明白な事実と各界で認めているにもかかわらず，

自国の経済発展にとってマイナスだから批准しないというのである。加えて先進工業国の多くは、批准はしたものの、「排出量の確保」のため発展途上国から「排出権」を購入するという抜け道をつくり、「排出量」確保に躍起になっている。これでは、ますます富の偏在という環境問題を拡大することになる。

ここで問題なのは、世界の政治家には、自国の環境に責任を負うのは当然のことだが、閉じた生態系である地球の環境を担うという崇高な責任を負うという自覚が要求される。いわゆる「環境倫理」の確立である。次の項で引用する元アメリカ合衆国副大統領アル・ゴアの見識をもつべきである。

すでに私たちは1972年に、何が「環境」問題なのかの問いに対する答えを、ストックホルムで開催された「人間環境会議」で宣言した。そのまえがきには、「人間環境の保全と向上に関し、世界の人々を励まし、導くため、共通の見解と原則が必要である」として、6項の見解と26項の原則を宣言としてまとめた。その第6項には、「われわれは歴史の転回点に到達した。いまやわれわれは世界中で、環境への影響に一層の思慮深い注意を払いながら、行動をしなければならない。無知、無関心であるならば、われわれは、われわれの生命と福祉が依存する地球上の環境に対し、重大かつ取り返しのつかない害を与えることになる。逆に十分な知識と賢明な行動をもつてするならば、われわれは、われわれ自身と子孫のため、人類の必要と希望にそつた環境で、より良い生活を達成することができる。環境の質の向上と良い生活の創造のための展望は広く開けている。いま必要なものは、熱烈ではあるが冷静な精神と、強烈ではあるが秩序だつた作業である。自然の世界で自由を確保するためには、自然と協調して、より良い環境をつくるため知識を活用しなければならない。現在および将来の世代のために人間環境を擁護し向上させることは、人類にとつて至上の目標、すなわち平和と、世界的な経済社会発展の基本的かつ確立した目標と相並び、かつ調和を保つて追求されるべき目標となつた」と。

今ひとつ環境問題の難しい点は、予想がたてにくいということである。時間経過のなかで事実が進行し、ある時点に達したとき、あれが問題だったのだと判明することである。

第3章　環境教育

3　最近の環境問題

　前項であげた環境問題は，このまま推移すれば，地球上の人間を含む生物が，その生存を脅かされることを示している。すでに急激な温暖化によって，海水面の上昇や生物の移動が報告されている。オゾン層の破壊についても，皮膚ガンの発生が増加しているとの報告もある。また酸性雨問題では，世界各地で植物の枯死や湖の酸性化が，環境ホルモン問題では，動物のメス化や生殖能力の低下が具体的に報告される事態となっている。いずれの問題も当初から将来環境問題が発生するだろうとは予見しなかったものである。

　気象庁は2003（平成15）年12月22日「南極のオゾンホールに関する速報」で，「2003年のオゾンホールは，例年より早く発達し，9月下旬に面積が過去2位，欠損量が過去最大級に発達した。オゾンホールは1992年以降，ほぼ毎年大規模に発達しており，オゾン層の回復の兆しはみられない」と発表した。大気中にオゾンホールが存在することは，1985年イギリスのファーマンらによって発見された。またオゾン層の減少がフロンガスの増加によるものであるとの指摘も彼らによってだが，それ以前の1974年にカリフォルニア大学のローランド教授らは，フロンガスによる大気汚染がオゾンを大幅に減少させる恐れがあると警告していた。

　フロンガスは，アメリカのトーマス・ミッジリーによって1930年ごろ発明された人工的なガスである。直接人体には害がなく，冷媒・精密機器の洗浄・発泡剤（断熱材）・噴射剤として大量に使用されてきた。

　フロンによってオゾン層が破壊され，有害紫外線が地上に到達する量が増加すると，皮膚がんや白内障などの視力障害が起こりやすいとされている。また，植物の成長を阻害したり，動植物プランクトン，エビの幼生，稚魚のような小さい生物にも悪影響があると考えられている。この問題については，1974年のローランド教授らによる警告から10年という年月を経て，
　1985年　オゾン層保護のためのウィーン条約採択
　1987年　オゾン層を破壊する物質に関するモントリオール議定書

1992年　オゾン層を破壊しやすい特定フロンを全廃決議
1995年　特定フロン，生産への使用は全廃
1996年　日本もフロンガスの製造を規制する法律が発効

という対応であった。さらに全廃といえども現実には，日本においても未だにフロンガスは使用されている。地表で使用されたフロンガスが，オゾン層に達するまでには，10年以上の時間がかかるとされていることを考えると，オゾン層破壊はまだまだ進行する。その結果，地上生物に与える影響は予想以上になる可能性がある。

また「環境ホルモン（内分泌攪乱化学物質）」の問題は，現段階でどの物質が環境ホルモンの働きを有しているか，複数の化学物質が作用するとどうなるか等々，不明な点があまりにも多い。加えて「環境ホルモン」が発生期の生物に最も影響が大きいという，環境問題の最重要課題でもある「世代間の平等」を根底から覆す問題も含んでいる。

環境ホルモンの問題は，日本では水俣病ですでに経験している問題であったが，その発生時（有機水銀が原因と判明した段階）には，今日のようなとらえ方をしていなかった。この問題が世界的に顕在化したのは，シーア・コルボーン他『奪われし未来』(1996)（原題 OUR STOLEN FUTURE : Are We Threatening Our Fertility, Intelligence, and Survival? -A Scientic Detective Story）である。アメリカの副大統領アル・ゴアが序文をよせ，そのなかで彼は，1962年発刊のレーチェル・カーソンの『沈黙の春』に多くのことを学んだと書き，さらにカーソンが講演のなかで述べた「この恐るべき化学物質から逃げおおせている人など誰一人としていません。実際，この化学物質は，動物実験を通じて，きわめて有害であり，その影響もますます増幅されていくことが裏づけられているのです。汚染は，誕生とともに，あるいはすでに母胎にいるときから始まっています。ですから，この実験に対する基本姿勢を改めないかぎり，この状況は一生涯変わることはないでしょう。実験の結果がどうなるかは，ふたを開けてみるまでは誰にもわかりません。それは，道しるべとなるような先例が何一つないからなのです」と引用している。さらに「今にして思えば，オゾン層を破壊しつつあるCFCについては，当を得た問題を提起するのがあまりにも遅すぎた。気

表3-1 地質時代区分

代	紀	世	×100万年前
新生代	第四紀	完新世 更新世	
	新第三紀	鮮新世 中新世	1.8
	古第三紀	漸新世 始新世 暁新世	24
中生代	白亜紀	後 期 初 期	65
	ジュラ紀	後 期 中 期 初 期	
	三畳紀	後 期 中 期 初 期	
古生代	ペルム紀	後 期 初 期	245
	石炭紀	後 期 初 期	
	デボン紀	後 期 中 期 初 期	
	シルル紀	後 期 初 期	
	オルドビス紀	後 期 初 期	
	カンブリア紀	後 期 中 期 初 期	
原生代	ベンド紀	後 期 初 期	~541

候変動への対応も遅々として進んでいない。そしてPCBやDDTなどの有害物質についても，すでに製造・使用が禁じられているとはいえ，まともに論じられるのが遅きに失した感がある」と結んでいる。

『奪われし未来』では，環境に出た化学物質が，生態系内を循環し，生物濃縮によって人を含む動物に種々の障害や奇形が発生することを警告した。人類はすでに，水俣病の有機水銀やベトナム戦争時の枯葉作戦に使用されたDDTによる惨事によって学習したはずであった。しかし，それらは個々の化学物質としては注意を払われつつも，同時に年々新しく合成され使用されている化学物質によって何が起こるかは予想できないでいる。ここに「環境問題」としての「環境ホルモン」の問題がある。

4 生物の進化と環境変化

　46億年に及ぶ地球の歴史の大半は，不明な点が多い。このうち比較的様子がわかっている時代を顕生代といい，表3-1のように区分される。このような地質時代の区分は，生物の進化（地層に含まれる化石）を基準にしている。この区分が生物の進化によっているということは，古生代と中生代では産出する化石の種類が異なるということを示し

写真3-1　木曽川河床のP/T境界のチャートの露頭

P/T境界 →

ている。生物の種類が異なることは，その時代に生物が生息した外的環境が変化したことを示している。古生代と中生代の境目（ペルム紀と三畳紀）には，生物の大絶滅が起こっており，P/T境界事件と呼ばれている。この時期の絶滅は，大規模で，海生無脊椎動物の90％以上が絶滅したと推定されている。この絶滅の原因については，現在もいろいろな説が提唱されているが，海洋に溶けている酸素が不足したとの考えが一般的である。このP/T境界が，日本では岐阜県の木曽川河床のチャート層に記録されている（写真3-1）。この海洋での酸素不足の原因については，超大陸パンゲアの形成や分裂と関係があるのではないかと考えられているが，詳細は今後の課題である。

　同様の生物絶滅でよく知られているのは，恐竜が絶滅した中生代白亜紀と新生代第三紀の境界のものである。これは今から約6500万年前にユカタン半島付近に落下した巨大隕石の衝突によって気候が変化し，それにともなう環境変化が原因とされている。このような生物の絶滅は，古生代以降5回（オルドビス紀-シルル紀末境界，古生代の中頃のフラスニア階-ファメニア階境界，ペルム紀-三畳紀境界，三畳紀-ジュラ紀境界，白亜紀-第三紀境界）あったとされている。いずれも原因は異なるものの，前述のような生物を取り巻く環境の変化がこのような結果をもたらした。このように生物界では，環境変化によって絶滅する生物がある一方で，新たな環境に適応した生物が現れるということを繰

り返してきた。しかし，現在地球上で問題となっている温暖化，オゾンホール，酸性雨などの環境問題は，いわゆる自然環境の変化ではなく，人間活動にともなう環境変化であることが問題とされているのである。

5　生態系と人間活動

「生態系（ecosystem）」という概念は，1935年イギリスの生態学者タンズレーが「ある場所の生物とそれらの環境をかたちづくっている物理的要因の複合全体からなる複雑なシステム」と定義した。

図3-2は，滋賀県北部の湿原とそれを取り囲む山地一帯の生態系を簡略化したものである。この森は，標高280mに全体の約5分の1を占める湿原が発達している。一方，湿原を取り巻く山地は，標高300～500mで，350mより低い部分はコナラ・アカマツが，それ以上の高さの部分では，ブナ・ミズナラを主にした林となっている。この地域の年間降水量は，2000mm前後である。この降水は，地表水・地下水となって湿原に流入し，一カ所から排水河川によっ

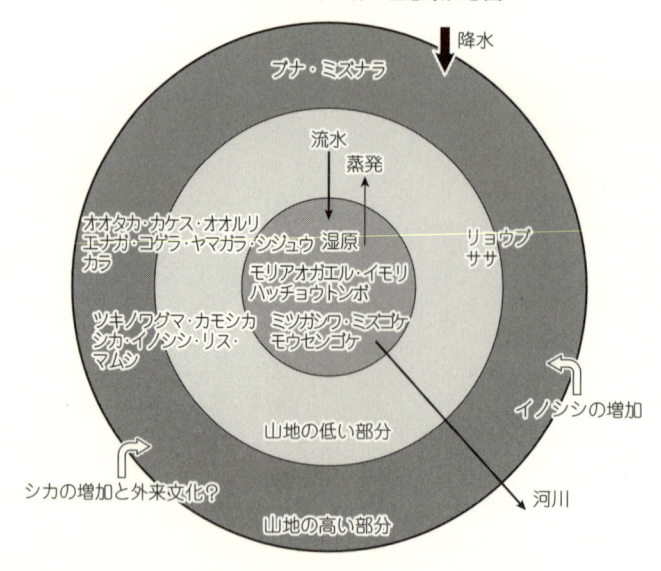

図3-2　山門水源の森の生態系概念図

［図：同心円状の生態系概念図］

- ブナ・ミズナラ（山地の高い部分）
- オオタカ・カケス・オオルリ・エナガ・コガラ・ヤマガラ・シジュウカラ
- ツキノワグマ・カモシカ・シカ・イノシシ・リス・マムシ
- リョウブ・ササ
- 湿原：モリアオガエル・イモリ・ハッチョウトンボ、ミツガシワ・ミズゴケ・モウセンゴケ
- 降水，流水，蒸発，河川
- イノシシの増加
- シカの増加と外来文化？
- 山地の低い部分

て域外へ流出している。湿原は，その表面がミズゴケに被われており，湿原内に入った水は，ミズゴケの毛細管現象も加わって蒸発する量も，他の低地などより多いため，渇水期にはミズゴケも白色化することが多い。湿原内に流入する水のpH値は6.5前後であるが，湿原内のそれは5.5前後となる。これは，ミズゴケが腐食にともなって酸性化するためである。このため湿原内の植物は，貧栄養を好む植物が多く分布している。

　この森での過去15年間の調査では見られなかった変化が，2000（平成12）年以降顕著になっている。2000年，森林内のかなりのリョウブの樹皮がシカによって剥ぎ取られた。この食害は，この地域のみならず滋賀県内のあちこちでこの年目立った。シカは，この年以前にも生息していたが，このような被害はこの年が初めてであった。この原因が，他地域のシカがそれまでのシカと異なった食文化をもって侵入してきたのか，まったく別の要因が働いたのかは明確でない。リョウブは，再生力が強いため枯死するということはなく，大きな生態系への影響は認められない。この年，シカが湿原にも侵入し，湿原のシンボルでもあるミツガシワの花芽を食し，湿原の春の景観は一変した。2002年からは，シカに加えてイノシシが湿原内に侵入しはじめ，ミツガシワの地下茎をも食する事態が起こった。2003年には，この森全域にイノシシのぬた場と餌を掘った跡が高密度で見られるようになり，湿原のミツガシワ被害はさらに広がった。イノシシの湿原内への侵入は，高層湿原の池塘・ブルテの微地形をも壊しており，湿原内の生態系の攪乱が一層目立っている。この森の生態系ピラミッドの頂点には，オオタカが位置しているが，イノシシ，シカの湿原内への侵入による生態系の攪乱が，今後，食物連鎖を通じて昆虫をはじめとする動物にどのような影響がでるか懸念される。この事例のような局地的な生態系の攪乱は，100年スケールでみれば，復元されていく可能性もあるが，地形までもが変化することで別の遷移の道をたどることも考えられる。また，ここでは，人間との関わりは除外して記述したが，この森の生態系の外との関係を考えると，シカやイノシシの増加が，この外の人間の活動（植林や開発など）と関係しているとも考えられ，もっと広範囲での生態系を考える必要性がある。

　生態系の概念からすれば，ヒトもまた生態系の一部である。動物としてのヒ

図3-3 世界の人口の推移

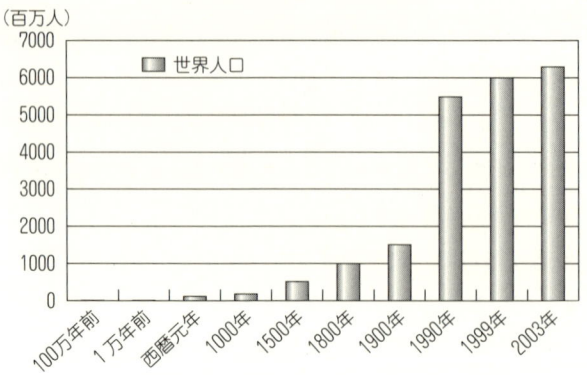

トは，その発祥から今日まで，他の動物と同じく生態系内の他の動植物をエネルギー源として利用してきた。図3-3は，世界の人口の推移を示したものである。地球は，閉じた生態系であるため，100万年前も現在も同じ大きさ，同じ物質量である。その中でヒトという種だけが，驚異的に増加し，なおかつその活動の内容が時代とともに大きく変化してきたことが，生態系に影響を及ぼしている。

今問題になっている環境は，図3-4で資源利用と示した量が増大することによって，生態系への排出量も増大し，しかも排出物が生態系本来の循環で処理できない物質をつくりだしたことにある。1968年，生態学者のハーディンは「コモンズの悲劇」という論文を発表した。この論文は，誰もが利用できる牧草地で，それぞれの農民がより多く利益を求めれば，やがて牧草地が荒廃しすべての農民が損をするとし，これを「コモンズの悲劇」と呼んだ。日本にも「コモンズの悲劇」を生じないように，入会地や漁場などで，いろいろな決まりが設けられてきた。たとえば漁期の設定や入会地での使用制限がそれで，いまも生きているところがある。この人間の知恵は，第一次産業従事者より第二次産業や第三次産業従事者が多くなった現在では，その維持が困難になったり，コモンズ以外からの圧力で意味をなさなくなっている場合が多くみられる。加えて社会環境の変化にともなう地域社会組織の破壊や利潤追求至上主義によって，構成員への拘束力が低下している。その結果，コモンズの維持が困難とな

第1節　「環境」とは何か

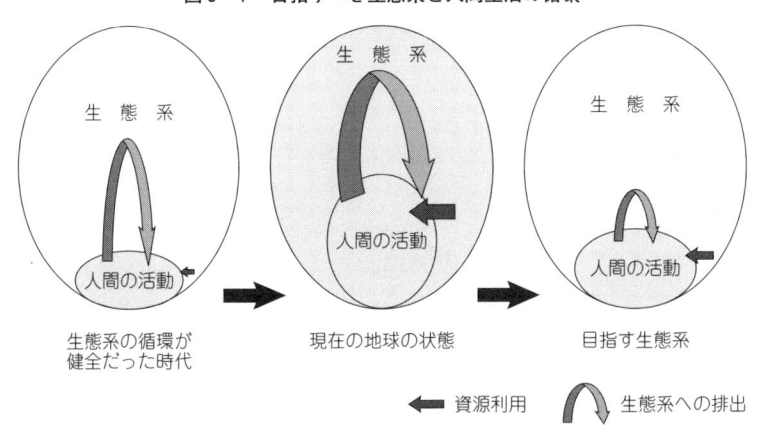

図3-4　目指すべき生態系と人間生活の循環

生態系の循環が　　　現在の地球の状態　　　目指す生態系
健全だった時代

⬅ 資源利用　　⤴ 生態系への排出

っている。ここに環境倫理やエコ・エコノミーの考え方（環境そのものに貨幣価値を認める考え方）がいわれる所以である。すなわち，コモンズが維持（生態系が正常に機能している）できていた時代は気づかなかったが，コモンズの維持が困難になったいま，その維持が可能な範囲で生態系を利用し，生態系への排出を考える必要がある。これが環境教育の必要性が叫ばれる理由である。

注
（1）　沼田眞『生態学からみた環境教育』講座文明と環境；第14巻，朝倉書店，1996年
（2）　シーア・コルボーン／ダイアン・ダマノスキ／ジョン・ピーターソン・マイヤーズ，長尾力訳『奪われし未来』翔泳社，1997年

（藤本秀弘）

第2節　環境教育の歴史

1　世界の環境教育の歴史

　ジョン・マコーミックは,「20世紀のあらゆる政治・経済・社会的な革命のなかで,環境革命ほど人間の価値観と態度に,基本的な変化をもたらしたものはない。環境革命の根源は19世紀後半にある。その後,経済構造,社会関係,科学的認識の変化の影響を受け,最後に第二次大戦後,反抗的な若い世代が公共政策として全面に押し出した。以来,環境主義は,数千万の支持者をもつ大衆運動,新しい法律,新政党をうみだし,経済・社会的な優先事項の再考をうながし,国際問題の中心課題になった(1)」と述べている。

　「環境」が人類全体の生存を左右する問題であり,世界的な取り組みが必要であるとの合意は,1972年の「人間環境宣言」といえる。環境に関わる運動や教育は,それ以前にも各国でいろいろな取り組みが成されているが,この宣言を節目に質的な変化が起こった。第二次世界大戦後の環境に関わる大きな動きを時系列でみると,概略は次のようになる。

1948年　IUCN（国際保護連合）は,自然保護・環境保全に関する教育委員会
　　　　を発足させた。
1962年　レイチェル・カーソン『沈黙の春』出版
1968年　国連の経済社会理事会で,スウェーデンの代表が「人間環境に関する
　　　　国際会議」の開催を提案し可決された。この提案の理由は,「無計画,
　　　　無制限な開発が人間の環境を破壊しつつある。国連の討議を通じて,技
　　　　術革新の否定的な側面をあらゆる角度からとらえ,この問題に対する理
　　　　解を深め調和のとれた開発を確保するための手だてを検討する必要があ

る。世界は核戦争を避けえても，公害による脅威をうける」として，タンカーの増加による海洋汚染，車や工場による大気汚染，農薬による環境汚染，放射性廃棄物の影響などの重要性を強調した。この決議案を受けて，同年12月の国連総会で，スウェーデンが提出した「1972年に人間の生活環境に関する国連会議を開催する」ことが決議された。この60年代は，第二次世界大戦後のヨーロッパ，日本の驚異的な経済成長の時期であった。しかし，同時に，日本の環境教育の歴史でも述べるが，日本は「公害列島」といわれた時代でもあった。他方，国連で「国際人間環境会議」を発案したスウェーデンでも，水銀汚染問題が深刻化していた。日本では，水俣病が社会問題化していた。スウェーデンは，日本の事態を踏まえ直ぐさま水銀の使用禁止を決めた。

1970年 ユネスコの「国際教育年」に，学校の環境教育のカリキュラム研究集会が開催された。この後もユネスコとIUCNの協力で，学校教育，校外教育，教師の研修や生涯学習としての研修が行われている。この年アメリカでは「環境教育法」(Environmental Education Act. 1970) が制定された。これには「環境教育とは，人間を取り巻く自然及び人為的環境と人間との関係を取り上げ，そのなかで人口，汚染，資源の配分と枯渇，自然保護，運輸，技術，都市と田舎の開発計画などが，人間環境に対してどのような関わりをもっているかを理解させる教育のプロセスである」と定義している。

1972年 「国連人間環境会議」(ストックホルム) が開催され「人間環境宣言」が採択された。そのなかで，「環境教育の目的は，自己を取り巻く環境を自己のできる範囲内で管理（manege）規制する（control）行動を，一歩ずつ確実にすることができる人間を育成することにある」と宣言した。

　　　　ローマクラブ『成長の限界』出版

1974年 「環境教育国際シンポジウム」が東京で開催され，環境教育は「人間が，自然に働きかけ，それをいかに改変してきたか，そして，改変されたその環境が，人間の生活にどういう形ではねかえってきたかという，

その相互作用を取り扱う教育の過程である」とすることで合意された。

1975年　ベオグラードで「国際環境教育研究集会」がもたれ、「ベオグラード憲章」には、環境教育の目的と目標、環境教育計画の指導原理が示された。このうち目的については、次のように書かれている。

「環境とそれに関わる問題に気づき、関心をもつとともに、当面する問題の解決や新しい問題の発生を未然に防止するために、個人及び集団として必要な知識、技能、態度、意欲、実行力などを身につけた世界の人々を育てることにある。」

さらに「目指すべき環境」として「環境に関する行動の最終目標は、人間相互の関係を含んだ自然と人間とにかかわる生態学的諸関係のすべてを改善することにある」としている。

1977年　IUCNが政府間レベル第1回国際環境教育会議を開催。

1980年　ICUN・UNEP（国連環境計画）・WWF（世界野生生物基金）が中心になって「世界保全戦略」を作成
　　　　アメリカが「西暦2000年の地球」報告書を作成
　　　　国際自然保護連合「地球環境の危機」刊行

1982年　国連人間環境会議「ナイロビ宣言」

1985年　オゾン層保護のためのウィーン条約採択

1987年　先進国首脳会議の経済宣言で環境問題に初めて触れる。
　　　　環境と開発に関する世界委員会報告

1988年　トロントでの先進国首脳会議で、本格的に地球環境問題が取り上げられる。

1989年　フランスのアルシュでの先進国首脳会議の経済宣言に「環境」の項目が入る。

1992年　地球サミット「環境と開発に関するリオデジャネイロ宣言」と「21世紀環境行動計画＝アジェンダ21」の採択

1997年　国連環境開発特別総会（UNGASS）
　　　　気候変動枠組条約第3回締約国会議（COP3）：京都議定書を採択

2000年　「残留性有機汚染物質に関するストックホルム条約」採択

2002年　ヨハネスブルグサミット

　2002年のこの会議に寄せて国連のアナン事務総長は,「持続可能な開発の達成は容易ではありません。将来の世代がそのニーズを充足する能力を犠牲にせず,今日のニーズを充足する開発という私たちの目標を達成するためには,最高レベルでの意志決定においても,生産者と消費者の日常的な行動においても,大きな変革が必要となります。10年前,リオデジャネイロの『地球サミット』で各国政府は,まさにこのような変革を誓約し,そのための包括的な行動計画として『アジェンダ21』を採択しました。しかし,約束だけでは目標を達成できないことが明らかになりました。私たちは未だに,開発の経済的,社会的および環境的側面を十分に統合できていないばかりか,現在の苦境をもたらした持続不可能なやり方とも縁を切れないでいます。……国連も私個人も,ヨハネスブルクとそれ以降に向けて,世界中の政府指導者,非政府組織および市民社会団体など,あらゆる関係者と密接に協力し,グローバルな保全と管理という新たな倫理を確立できることを楽しみにしています」と述べ,現在の環境問題への取り組みの不足と倫理観の欠如を憂いている。この現状に環境教育に関わるものがどう対応するかが大きく問われてもいる。

2　日本の環境教育の歴史

　日本の環境教育が,いつどのようにして始まったかについては定説がない。しかし,今日世界的に実施されている環境教育は,日本の場合,1960年代の「公害教育」が実質的な開始と考えるのが一般的である。

　それでは,1960年代以前に「環境教育」はなかったのかというとそうではない。地球全体を視野に入れた,いわゆる今日的な環境教育ではなかったものの,家・村・町というスケールでは,むしろ現在よりも徹底した環境教育が実施されていたとみるべきである。

それは家庭教育や地域の教育が担っていた。前者は,家庭でのしつけであり,後者は地域の目である。後者は時としてタブーという形をとっていたこともある。これが大きく崩れだしたのは,1950年代後半からである。この時期の日本

は，戦後の食糧不足がある程度解消し，アメリカ的生活をめざした時期にあたる。「三種の神器（白黒テレビ，電気洗濯機，電気冷蔵庫）」がもてはやされた時期である。この時期を境に日本の産業構造が大きく変化し，第一次産業従事者数が減少の一途をたどることになる。もともと第一次産業は，生態系に組み込まれた循環のなかでのみ成立する産業であり，同時に，生態系のメカニズムを理解してこそ永続性がある。この循環を維持するために前述のコモンズの約束事があった。ところが三種の神器を獲得するためには，より多い現金収入を得る必要があり，第一次産業従事者が，第二次産業・第三次産業へと移動した。第二次産業・第三次産業従事者は，生態系との直接的な関わりを必要とせず，コモンズの掟を次々と破った。これは単に産業構造が変わったというにとどまらず，「ヒトもまた生態系を構成する一要素である」ということを無視した精神変革が起こったことを意味している。この延長線上に，1960年代の公害列島が出現したと考えることができる。

この時期の公害について庄司ほかは，「『山紫水明』の地―まことにこれは，日本の自然を象徴することばであった。敗戦とともに，戦場や植民地から引揚げてきた人たちは，日本晴れの青空をあおぎ，澄みきった川や海，緑の山々を見た時，あらためて，祖国の国土の美しさにおどろいたものである。だが，さいきんの日本のおおくの都市は『山赤水濁』の地とよんだ方がよいほど，汚濁にまみれている。朝鮮戦争以降の日本経済の復興，とりわけ昭和三〇年以降のいわゆる高度成長が，急速に国土を荒廃させ，『公害』をもたらしたからである。大都市住民は，バイジンによごれた『七色の空気』をすい，亜硫酸ガス，3・4ベンツパイレンのために，気管支炎，ゼン息，肺ガンのおそれになやまされている。……」[2]と述べている。

この状況下にあって教育現場の教職員による「公害教育」がスタートした。その先駆的活動といわれるのが，三重県四日市市の教師の取り組みである。1959年，四日市で第1コンビナートが稼動し，翌1960年頃より，磯津，塩浜地域を中心に気管支喘息の異常な発生が訴えられるようになった。ここでも4歳未満の幼児と50歳以上の年齢層の患者の発生増加がみられ，環境悪化による被害が社会的弱者（身体的弱者）により大きくなることを実証した。

1963年，汚染地域の塩浜小学校が，「公害にまけない体力づくり」の教育を始め，1964年には四日市市教育研究所が「公害対策教育」の研究を開始した。この研究成果が1966年に資料集「公害に関する学習」としてまとめられたが，政治的な問題で小・中学生に配布されるまでには至らなかった。

1967年の「公害に関する学習」は，その半分が削除された形で配布された。これが日本で最初に公に刊行された公害教育の資料集となった。このような教育現場での活動と住民運動とが各地で広がっていったのも，前述の「恐るべき公害」の実態が示すように，生きるための環境が限度を超えたものであったことの裏返しでもある。この時期の大学・高校・中学校等の学園祭では，地域の公害の調査結果や，調査に基づく啓蒙的展示や講演などが相次いだ。また市民対象の大学の自主講座（今日の公開講座の前身）も行われ，市民の公害に対する意識の向上に一役かった。このような歴史的背景から，日本の環境教育が公害教育から始まったといわれる所以でもある。しかし，この段階での公害教育は，教師の自主編成の域を出るものではなかった。1960年代後半は，各地で発生する公害の原因が企業にあるのではないかという見直しがなされ，住民サイドの告発があいつぎ，企業責任が明確化した時期である。こうして1970年11月から臨時国会が開かれ公害関係14法案が可決され，公害国会と呼ばれる年となった。この国会では，公害教育も審議の対象となり，文部省は，「公害対策基本法の改定にともなって，その趣旨にてらして，学習指導要領や教科書の不十分な記述を修正する」とし，小中学校学習指導要領とその解説書の「社会科」の公害に関する一部を改訂した。この時点をもって，日本の環境教育は公害教育から始まったとする見方もある。

「公害教育」の一方で，「自然保護教育」の流れのあったことは見逃せない。沼田は「1951年に発足した日本自然保護協会が，1951年『自然保護教育に関する陳述』を行っているし，日本学術会議内に自然保護研究連絡委員会が組織され，自然保護とともに，その教育にも力が入れられた。また当時，分子生物学的内容にかたよっていた生物教育を批判し，もっと生態学的内容を学習させることの重要性を主張していた日本生物教育学会でも，1971年に『自然保護教育に関する要望書』を提出した(3)，と記している。市民対象の自然保護教育には，

第3章 環境教育

　日本自然保護協会が養成した「自然観察指導者」による自然観察会が全国的に広がったのも1970年代である。これを契機に各自治体や自然保護団体，野外活動グループが独自の指導者を養成することも始まり，自然観察を通じて，環境を考える機運が高まっていった。こうした流れを受けて，1967年発足の全国小・中学校公害対策研究会の名称は，1975年に小・中学校環境教育研究会に変更された。また1967年制定の公害対策基本法は，1970年に一部改正され，さらに1972年自然環境保全法制定，1973年自然環境保全基本方針閣議決定，1974年自然保護憲章制定，1993年環境基本法制定へと，環境重視の方向が法的には打ち出された。環境基本法では，その第25条に「国は，環境の保全に関する教育及び学習の振興並びに環境の保全に関する広報活動の充実により事業者及び国民が環境の保全についての理解を深めるとともにこれらの者の環境の保全に関する活動を行う意欲が増進されるようにするため，必要な措置を講ずるものとする」としている。

　こうした法整備の背景には，1972年の人間環境会議の宣言や1980年のアメリカ合衆国政府特別調査報告「西暦2000年の地球」に代表される地球環境問題の動きがある。これ以降，小・中・高等学校の指導要録改訂が繰り返されるたびに，環境問題が大きく扱われるようになるとともに，地方自治体単位でも環境教育の資料集が刊行されるようになった。文部省も1991・1992年に高等学校までの環境教育指導資料を刊行した。この推移によって，日本では1960年代の公害列島的様相は，1970年代後半になると幾分改善されたものの，1990年代前半にかけてそれまでの環境問題とは質的変化が起こった。それは，バブル経済にともなって各地で行われた大型開発である。1993年の環境基本法の制定や1994年の環境基本計画策定はこうした背景で誕生した。レッドデーターブックに代表される，生物多様性の考え方の導入はこの時期のものである。学校教育でも，より生態系の重要性を取り入れた教科書編成や，ビオトープの考え方が取り入れられている。総合学習の新設は，環境教育としての取り扱い時間を増加させることになったが，断片的な環境教育になりがちなことが問題となっている。一方，生涯学習としての環境教育の取り組みも盛んとなり，各自治体，環境保全団体などがさまざまな講座や野外活動を実施している。

ジョン・マコーミックは，前掲の著書の日本語版への序文で，「日本政府は多くの場合，欧米の政策の変化に応じて動く傾向があり，国民の生活の質や国際的な環境の状況への関心よりも，貿易の利害を守ることを優先した。……さらに最近では，日本は第二の経済力や貿易，あるいは海外への大投資国として，否応なしに環境論争に引き込まれている。日本の経済の規模を考えれば，国内の環境政策は国際的な政策にも，貿易相手国の国内政策にも多大な影響をおよぼすことは避けられない。オゾン層破壊，森林破壊，野生生物の絶滅，酸性雨，有害廃棄物投棄といった世界的，地球的な問題に対する懸念によって，これからの問題解決に向けて日本が前向きに対応すべきだ，とする圧力が高まっている。」[1]と述べている。この指摘に対応するためには，これまで以上のグローバルな視野と，環境倫理の確立に向けた環境教育の実践が要求される。

注

（1）　ジョン・マコーミック，石弘之・山口裕司訳『地球環境運動全史』岩波書店，1998年
（2）　庄司光・宮本憲一『恐るべき公害』岩波書店，1964年
（3）　伊東俊太郎編『講座文明と環境　環境倫理と環境教育』朝倉書店，1996年

参考文献

D.H. メドウズ／J. ラーンダズ／W.W. ベアランズ三世，大来佐武郎監訳『ローマクラブ「人類の危機」レポート　成長の限界』ダイヤモンド社，1972年
福島達夫『環境教育の成立と発展』国土社，1993年
伊東俊太郎編『講座文明と環境　環境倫理と環境教育』朝倉書店，1996年
加藤秀俊『日本の環境教育』河合出版，1991年
加藤尚武編『環境と倫理——自然と人間の共生を求めて』有斐閣アルマ，1998年
川上紳一『生命と地球の共進化』日本放送出版協会，2000年
国民教育研究所編『公害と教育』明治図書，1970年（全書　国民教育；第6巻）
国立教育研究所・環境教育研究会編『学校教育と環境教育』教育開発研究所，1981年
レスター・ブラウン，福岡克也監訳・北濃秋子訳『エコ・エコノミー』家の光協会，2002年
水俣病被害者・弁護団全国連絡会議編『水俣病裁判——人間の尊厳をかけて』かもがわ出版，1997年
森千里『胎児の複合汚染』中央公論新社，2002年

第3章　環境教育

長山淳哉『母胎汚染と胎児・乳児——環境ホルモンの底知れぬ影響』ニュートンプレス，1998年
長山淳哉『胎児からの警告』小学館，1999年
中村桂子『「生きもの」感覚で生きる』講談社，2002年
レイチェル・カーソン；青樹簗一訳『沈黙の春』新潮社，1987年
瀬戸昌之『環境学講義』岩波書店，2002年
立花隆・東京大学教養学部立花隆ゼミ『環境ホルモン入門』新潮社，1998年
竹内和彦・住明正・植田和弘『環境学序説』岩波書店，2002年
鷲谷いづみ『生態系を蘇らせる』日本放送出版協会，2001年

（藤本秀弘）

第3節　環境教育の目的と場

　「アメリカの環境教育は失敗だった」と述べたのは，1998年に訪れたバーモント州で出会ったアメリカ人だった。彼は大学で環境教育を教え，GREENプログラム（Global River Environmental Education Network の略で，アメリカに本部を置く川の水質調査を通した環境教育プログラム）のディレクターを長年務め，1993年に大統領の諮問委員会「Education for Sustainability（持続可能な社会のための教育）」（White House のホームページで全文を見ることができる）の委員でもあった。もう少し説明すると，彼は，さらに「25年前からアメリカでは環境教育を行ってきたが，相変わらずのエネルギー消費をはじめとする環境へのインパクトは軽減されていない。自然に対する教育は素晴らしいものがあるが，経済・社会システム・エネルギー・ライフスタイル・公正といった取り組みが，自然に対する教育に比して総体的に少なすぎたのが原因ではないか」と述べ，環境教育が始まった当初の頃の目的は決して自然を対象としたものだけではなかったはずで，もう一度，教育のゴールを設定するうえでも名称を環境教育から「持続可能な社会のための教育」として構築し直すべきであるという。

　日本では昨年，「環境の保全のための意欲の増進および環境教育の推進に関する法律（環境保全活動・環境教育推進法）」が成立した。2002年に開催された南アフリカのヨハネスブルグで開催された「持続可能な開発に関する世界首脳会議（世界サミット）」で日本の首脳は「持続可能な開発のための教育の10年」の国連キャンペーンのアイディアを発表し，「持続可能な開発のための教育」が「環境教育」に取って代わろうとしている。それでは，その意味するところや具体的な方法について，その変遷からとらえ，環境教育の本質を考えてみたい。

1 環境教育の目的と歴史

　妖精の力にたよらないで，生まれつきそなわっている子どもの「センス・オブ・ワンダー」をいつも新鮮にたもちつづけるためには，私たちが住んでいる世界のよろこび，感激，神秘などを子どもといっしょに再発見し，感動を分かち合ってくれる大人が，すくなくともひとり，そばにいる必要があります。

　　　　　　　　　（レイチェル・カーソン『センス・オブ・ワンダー』）

　アメリカの海洋生物学者で『沈黙の春』の著者として有名なレイチェル・カーソン（Rachel Carson, 1907-1964）は1956年，雑誌に「センス・オブ・ワンダー」を掲載した。そのなかでカーソンは，わたしたちを取り巻いている環境の大きな構成要素である自然に対して，誰もがセンス・オブ・ワンダー（神秘さや不思議さに目をみはる感性）をもって生まれてきたはずなのに，私たちは大人になるにしたがってこの感性を心の奥底にしまい込み，忘れ去ってしまうのだと述べている。

　環境教育の目的はこのセンス・オブ・ワンダーを取り戻すところから始まるのだといいかえることができる。また，幼い子どもたちには，このセンス・オブ・ワンダーをいつまでも保ち続けることで，自分たちを取り巻く環境への感受性を高めることになる。このように，環境教育の第1の目的は，環境に関心をもつことだといわれており，そのポイントがセンス・オブ・ワンダーなのである。

1　環境教育のはじまりとストックホルム会議

　環境教育という言葉は，1948年の国際自然保護連合（IUCN：International Union for the Conservation of Nature and Natural Resources）の設立総会でトマス・プリチャード（Thomas Pritchard）が用いた"Environmental Education"が初めだといわれている。

その後，1962年には，『センス・オブ・ワンダー』の著者であるレイチェル・カーソンが『沈黙の春』を出版する。この本はタイトルにもあるように，春になっても鳥も鳴かない，「沈黙の春」がやってきて，鳥も住めないような生態系にしてしまう農薬などの薬物の影響についての警鐘を鳴らす本であり，この本の出版をきっかけに，世界中で環境運動が起こってくる。その結果，アメリカでは1963年に大気清浄法が，1964年には原生自然法が制定され，環境保護，自然保護の動きが政府を動かす。初めてのアースデイのイベントが1970年にスタートし，その年，環境保護庁が設置され，環境教育法が制定された。その2年後，ストックホルムで国連人間環境会議（通称：ストックホルム会議）が行われ，この会議において「人間環境宣言」が採択される。

人間行動宣言

　我々は歴史の転回点に達した。今や我々は世界中で，環境への影響に一層の思慮深い注意を払いながら行動しなければならない。無知，無関心であるならば，我々は，我々の生命と福祉が依存する地球上の環境に対して重大かつ取り返しのつかない害を与えることになる。逆に，十分な知識と賢明な行動を持ってするならば，我々は，我々自身と子孫のため，人類の必要性と希望に添った環境で，よりよい生活を達成することが出来る。環境の質の向上と良い生活の創造のための展望は広く開けている。今必要なものは，熱烈ではあるが冷静な精神と，強烈ではあるが秩序だった作業である。自然の世界で自由を確保するためには，自然と協調して，より良い環境を作るため知識を活用しなければならない。現在および将来の世代のために人間環境を擁護し向上させることは，人類にとって至上の目標，すなわち平和と，世界的な経済社会発展の基本的かつ確立した目標と相並び，かつ調和を保って追求されるべき目標となった。

ストックホルム会議で採択された勧告86（「事務総長，国連の諸機構とくにユネスコおよび関係諸国際機構に対し，相互協議の上，次に述べる国際的な計画を樹立するための必要な対策を立てることを勧告する。対象となるのは，環境に関する教育であり，あらゆるレベルの教育機関及び直接一般大衆とくに農山漁村および都市の一般青少年及び成人に対するもので，環境を守るため各自が行う身近な簡単な手段について教育することを目的とし，各分野を総合したアプローチによる教育である。」）のなかで環境教

育について以下のように提言し，UNESCO（国連教育科学文化機構）に国際環境教育プログラムの設置を委ね，1975年に UNEP（United Nations Environmental Education）が設置された。

そして，「自己をとりまく環境を自己のできる範囲内で管理し，規制する行動を一歩ずつ確実にする事のできる人間を育成すること」と，環境教育の目的を定義した。

2　ベオグラード憲章

UNESCO／UNEP の共同開催で世界初の環境教育の専門家が集まり，ベオグラード環境教育専門家会議が1975年に開催され，環境教育のための指針が出された。そのなかで，環境教育の目的は，"環境とそれにむすびついた諸問題に関心を持つ人の全世界的な人間の数を増加させること。その人達は，知識，技術，態度，意志をもち，現在の問題の解決について，個人的にも集団的にも貢献をなしえて，現在だけでなく，将来の新しい問題にも貢献しうる人達であること"とし，「関心・知識・態度・技能・評価能力・参加」の6項目を身につけることが必要であるとした。

① 環境教育のゴール

　　環境とそれに結びついた諸問題に関心をもつ人の全世界的な人間の数を増加させること。その人たちは，知識，技術，態度，意志をもち，現在の環境問題の解決について，個人的にも集団的にも貢献をなしえ，現在だけでなく将来の新しい問題の解決にも貢献しうる人たちであること。

② 環境教育の目的・方針

　1　関心をもつこと

　　　環境問題とそれに関連する問題に関心をもたせ，敏感に反応するように援助すること。

　2　知　　識

　　　環境問題について基本的な理解が得られるように援助すること。さらに，環境問題だけではなく，それに関連する問題，また，人間の重大な責任およびその役割についての理解が得られるように援助すること。

3　態　　度

　　環境問題についての社会的な評価を身につけ，それに対して強い感情を抱き，その保全，さらには改善のために積極的に参加する気持ちを起こさせるように援助すること。

4　技　　術

　　環境問題が技術的に解決できるように援助すること。

5　評価のできる能力

　　環境の程度を正しく評価し，また，環境教育プログラムについて，生態学的に，政治的に，経済的に，倫理の面から，そして教育の要素から，正しく判断できるように援助すること。

6　参　　加

　　責任の感覚を発展させ，環境問題の緊急性を理解し，これらの問題を解決する適切な行動がとれるように援助すること。

③　環境教育プログラムの指針

1　環境を全体として，すなわち自然と人工，生態学的，政治，経済，技術，社会，法律，文化，倫理の側面について考察するもの。

2　学校の内外を問わず，生涯にわたって行われるもの。

3　実際的でなければならない。

4　環境問題を防ぎ，解決するために積極的に行動に参加することを強調しなければならない。

5　世界的な視野に立って環境問題を検討し，地域の状況に十分意を払わなければならない。

6　現在だけではなく，将来の状況にも焦点を当てなければならない。

7　環境の見地にたって，すべての発展や成長を検討すること。

3　トビリシ環境教育政府間会議（旧ソ連グルジア共和国）

　1977年には世界初の環境教育政府間会議（通称：トビリシ会議）が政府の代表を集めて開催され，トビリシ宣言とトビリシ勧告がなされた。勧告のなかで国際的な合意として環境教育の目的と目標が記されている。

第3章　環境教育

① 環境教育の目的
　1　個人および地域社会をして，その環境の生物的，社会的，経済的，文化的側面の相互作用の結果もたらされた自然および人工の環境の複雑な特性を理解せしめ，かつ責任のある，また効果的な方法で，環境問題を予測し，解決し，かつ環境の質を管理する活動に参加するための知識，価値観，制度，および，実際的技能を獲得せしめること。
　2　現代世界の経済的，政治的，生態的，相互依存関係を明らかにすることであり，このような現代世界においては，異なる国々による決定や行動が国際的な影響を及ぼしうる。この点に関して，環境教育は環境の保護と改善を保証するような国際間の新しい秩序のための基礎として，国家間，地域間に責任と連帯感を育成する手助けとなるべきである。

② 環境教育の目標
　1　関　　心
　　社会集団と個々人が，環境全体および環境問題に対する感受性や関心を獲得することを助ける。
　2　知　　識
　　社会集団と個々人が，環境およびそれにともなう問題について基礎的な知識を獲得し，さまざまな経験をすることを助ける。
　3　態　　度
　　社会集団と個々人が，環境の改善や保護に積極的に参加する動機，環境への感性，価値観を獲得することを助ける。
　4　技　　能
　　社会集団と個々人が，環境問題を確認したり，解決する技能を獲得することを助ける。
　5　参　　加
　　環境問題の解決に向けたあらゆる活動に積極的に関与できる機会を，社会集団と個々人に提供する。

4　環境教育から持続可能な社会のための教育へ

1980年にはUNEPとWWF（世界自然保護基金）とで共同で『世界保全戦略』が出版され，合理的な地球資源の管理に関した教育と生物多様性を維持するために，「持続可能な発展」の概念が打ち出された。その後，1984年には「環境と開発に関する世界委員会（通称：ブルントラント委員会）」の報告書として"Our Common Future（我ら共有の未来）"が出され，次世代の必要分を奪うことなく現代人の必要を満たす"Sustainable Development（持続可能な開発）"の定義づけが行われ，さらに，学校教育への環境教育の必要性，すべての教科に取り入れることが提言される。

ストックホルム会議からちょうど20年目の1992年，ブラジルのリオデジャネイロで国連環境開発会議（通称：地球サミット）が開催され，各国政府機関とNGOとが一堂に会した最大級の環境会議となった。この会議では「持続可能な発展」がキーワードとなり，単なる宣言や勧告で終わるのではなく，実行に移すための行動計画として『アジェンダ21』がつくられ，そのなかで環境教育は"持続可能な社会の実現"を可能とするための方法の一つとして，「教育，意識啓発および訓練の推進」と明記されている。

さらに1997年には，ギリシャのテサロニキで「環境と社会：持続可能性に向けた教育とパブリック・アウェアネス」国際会議（通称：テサロニキ会議）が行われ，テサロニキ宣言のなかで環境教育が次のように述べられている。

6　持続可能性を達成するために，多くの重要なセクターや，消費と生産のパターンの変化を含む急速で抜本的な行動と生活様式の変化のなかにおいて，取り組みの大がかりな調整と統合が求められている。このために，適切な教育とパブリック・アウェアネスが，法律，経済および技術とともに，持続可能性の柱の一つとして認識されるべきである。
10　持続可能性に向けた教育全体の再構築には，すべての国のあらゆるレベルの学校教育，学校外教育が含まれている。持続可能性という概念は，環境だけではなく，貧困，人口，健康，食糧の確保，民主主義，人権，平和をも包含するものである。最終的には，持続可能性は道徳的・倫理的規範

であり，そこには尊重すべき文化的多様性や伝統的知識が内在している。
11　環境教育は，今日までトビリシ環境教育政府間会議の勧告の枠内で発展し，進化して，『アジェンダ21』や他の主要な国連会議で議論されるようなグローバルな問題を幅広く取り上げてきており，持続可能性のための教育としても取り扱われ続けてきた。このことから，環境教育を「環境と持続可能性のための教育」と表現してもかまわない。

2　コミュニティーレベルの環境教育

　ここではまず，「環境」の意味を考えてみたい。
　「環境」とは，周りを取り囲むすべてのものという意味があるが，それは，主体となる人が周りのものを環境と認識しない限り環境とはならないのである。いくらすばらしい自然に囲まれ，心優しい人たちに囲まれて暮らしていても，その人にとって何の関係もなければ，対象としての自然，対象としての社会でしかなく，その人とはまったく関係のない世界でしかない。まったく関係がないから，そこでどのような問題が起こっていようと何も解決に向けたアクションは起こってこないのある。
　環境教育の目的が「関心」から始まっているのは，このように，いくら自然のことや社会のことを環境教育として扱っていても，主体となる本人が，その主体を取り巻く自然や社会を「環境」と認識しない限り，環境は存在しない。自然のなかに生えている木は木でしかないし，隣に住んでいる人は隣の人でしかないのである。
　本来，環境の意味には，主体となる人が何らかの行動を起こし（日々の生活），周りの環境に何らかの影響を与え，その影響が自分にまた戻ってくる範囲までを環境ということができる。書いて字のごとく，環境という文字は「わっか（環）」の「さかい（境）」と書く。その「わっか」の中心に主体となる自分が入り，その自分を取り巻く環の境目までを環境という。一昔前までの環境は，それが小さなコミュニティーだったが，今は地球規模にまでその環境が広がっているのである。まさに，地球規模の環境問題は現代に生きる一人ひとり

の問題でもあり、さらに一人ひとりの行動を変えることで解決もできるということである。

今でもまだ残っているところもあるが、日本の伝統的な行事や祭りのなかには、周りの自然や社会との関係性を思い起こす、再認識する仕掛けがちりばめられていた。夏至や冬至、秋分や春分という季節の区切りには、規則的でダイナミックな自然を感じていたであろうし、収穫祭や季節の祭りでは、コミュニティーや身近な自然を感じていたのであろう。しかし、都市で暮らす人が増え、自然の営みを感じる必要のなくなった日々の暮らしからは、その必要性がなくなってしまう。いわゆる生活するうえで自然との関係性を気にしなくても良くなったのである。また、都市化と同時にコミュニティーが崩壊し、社会との関係をも気にしなくても毎日の暮らしに困らなくなってくる。

写真3-2　コミュニティーでの取り組み

環境教育は、単に知識として環境を学ぶのではなく、いったん切れてしまった関係性をつなぎ直す、紡ぎ直し、自分のこととして『環境』取り組む態度を育むところから学びが始まるのだと考えられる。個人が自分の周りを自分の環境として認識し直す。ここでいう環境とは、自分にとってかけがえのないものとして、互いの相互作用を理解したうえで行動するという関係であり、別の言い方をすると、自己の拡大として、周囲の自然や社会をも自己の一部として認識するということでもある。人は自己の一部として自然や社会を認識して初めて、自然や社会を自分にとってかけがえのないものとして大切に愛することができるのではないだろうか。こうして、環境に対して主体的に関わる態度こそ、自分のこととして環境問題を理解し、その解決に向けて主体的な行動をとることにつながるものと考えられるのである。環境教育の目標は、このように、つながりとしての関心を呼び覚ますことであり、そのうえでの知識や態度を育てるとき、コミュニティーレベルの活動は欠かすことができない。

3　日本における環境教育

　1992年のリオでのサミットで合意された『アジェンダ21』を具体的な行動に移すために，日本では1993年に『環境基本法』が制定された。その25条に，「国は，環境の保全に関する教育および学習の振興並びに環境の保全に関する広報活動の充実により，事業者および国民が環境の保全についての理解を深めるとともにこれらの者の環境の保全に関する活動を行う意欲が増進されるようにするため，必要な処置を講ずるものとする」と教育の必要性が明記されたのである。

　1994年に『環境基本計画』が閣議決定され，5年ごとの見直しが行われながら行動計画が作られているが，『新環境基本計画（2000）』のなかに，環境教育について詳しく書かれている。

1　環境教育の目標

　「関心の喚起→理解の深化，意識の向上→参加意欲，問題解決能力の育成」という段階を経て具体的な行動を促すことを，環境教育の目標としている。

　1　関心：環境や社会に対する関心と好奇心を喚起する
　　　　○身近な地域の自然や環境に好奇心をもつ
　　　　○地域社会におけるさまざまな環境活動の取り組みに興味をもつ
　2　理解：環境の保全・管理に必要な知識をもち，基本的概念を形成する
　　　　○自然の仕組みを理解する
　　　　○自然がもつ回復能力には限界があることを理解する
　　　　○日常生活や経済活動は，地球の資源に依存していることを理解する
　　　　○資源には，再生資源と再生不可能な資源があることを理解する
　　　　○環境に関わる課題を発見し，その原因と結果を特定する
　　　　○法律や条例，行政の取り組み，企業の取り組み，NGOの取り組みなど，環境の保全・管理に向けた社会全体の取組について知り，

評価する

　　　　○持続可能な資源の利用を導くライフスタイルの重要性を理解する
3　問題解決能力：環境の保全・管理に必要な技能，態度を養う

　　　　○豊かな感性を身につける

　　　　○想像力・創造力の基礎をつくる

　　　　○科学的なデータに基づいて，合理的な判断をする

　　　　○客観的で公平な態度をとる

　　　　○環境問題について自分自身の考えをもつ

　　　　○自分の見解を他者に伝えるコミュニケーション能力をもつ

　　　　○多様な社会，文化，価値観を尊重する

　　　　○他者と協力し合う
4　行動：社会の一員として，環境問題の解決に自発的に行動する意欲を養う

　　　　○日常生活において個人としての行動に責任をもつ

　　　　○個人またはグループで環境のための行動計画を立て，実行し，評価する

　　　　○地域の環境活動に参加したり，仲間と環境団体やグループをつくる

2　環境教育の原則

　この原則では，環境問題を社会経済的な視点からとらえ，意思決定への参加の重要性を盛り込み，実践や体験学習を重視している。

　1　環境の全体性——自然と人工，技術と社会（経済，政治，文化，歴史，倫理，審美）の側面——を考慮すること

　2　学校教育，学校外教育を問わず，就学前から生涯にわたって継続されること

　3　全体を見通したバランスのとれた視野を得るために，各学問分野に依拠しつつ，学際的なアプローチをとること

　4　学習者が他の地域における環境状況について理解を得られるよう，自分

たちの住む地域，国全体，アジアなどの地域全体，国際的な視点から，主要な環境問題を取り上げること
5 歴史的な視野を取り入れつつも，現在と未来の環境の状態に焦点を当てること
6 環境問題の解決と予防のためには，地域，国，国際的な協力の必要性と重要性を啓発すること
7 開発や経済の計画において，環境の側面をきちんと考えてみるようにすること
8 学習活動を計画する際に学習者が役割を担ったり，意思決定や決定結果を受け入れる機会を提供すること
9 環境に対する感性，知識，問題解決技能，価値観の明確化は，各年齢に応じたものとするが，早期段階では，自分たちの住む地域における環境への感性の形成を重視すること
10 学習者が，環境問題の現象や原因を発見できるように手助けすること
11 環境問題が複雑に絡み合っていることを強調し，そのために批判的思考や問題解決技能の開発の必要性を重視すること
12 実践活動や直接体験を重視しながら，環境について，そして環境から学び教える広範な手法を活用するとともに，多様な学習環境を活用すること

また，1999年の中央環境審議会の答申「これからの環境教育・環境学習——持続可能な社会をめざして」では，環境教育・環境学習をいわゆる「環境のための教育・学習」という枠から，「持続可能な社会の実現のための教育・学習」にまで範囲を広げることを求めている。

答申では，このような環境教育・環境学習の実施にあたって，以下の4つのポイントを指摘している。

① 総合的であること

環境問題はさまざまな分野と密接に関連しているため，環境教育・環境学習においては，ものごとを相互連関的かつ多角的にとらえていく総合的な視点が欠かせない。また，幼児から高齢者までのすべての世代において，

学校，家庭，地域，職場，野外活動の場等多様な場において連携をとりながら総合的に行われることが必要である。

② 目的を明確にすること

今行われている活動が，持続可能な社会の実現という大目標に至る全体像の中で，どういう段階にあたり，具体的に何を目的としているのかを明確にしておくこと。そのことにより，次のステップが明確になり，活動自体の自己目的化を避けることができる。

③ 体験を重視すること

環境問題の現状やその原因について単に知識として知っているということだけではなく，実際の行動に結びつけるには，課題発見，分析，情報収集・活用などの能力が求められる。そのためには，学習者が自ら体験し，感じ，わかるというプロセスを意識的に取り込んでいくことが必要である。

④ 地域に根ざし，地域から広がるものであること

環境教育・環境学習の中心となるのは，日々の生活の場としての，多様性をもったそれぞれの地域である。地域の素材や人材，ネットワークなどの資源を掘り起こし，活用していくことが大切である。また，地域の伝統文化や歴史，先人の知恵を環境教育・環境学習に生かしていくことが望まれる。

（山本幹彦）

第4節　環境教育の実際

1　体験学習
――教育手法としての環境教育――

　これまで繰り返し述べてきたように，環境教育の目標は単に知識を獲得することではなく，行動に移すことだということであり，そのためには，体験を通した学びが有効といわれている。ここでは，環境教育の重要な「体験学習法」について詳しく説明する。

　前述したように，環境教育の目的は，環境のことを考えた行動ができる人を育てるということであり，単に知識を身につけることではない。ということは，一人ひとりの行動変容が目的である。行動に結びつく知識，新たな認識を獲得するためには，行動や体験という身体を使った学びが必要であり，体験を学びにつなげる教育手法として体験学習法が環境教育に有効だといわれている。この体験学習法は，やはり人の行動変容を目的とした人間関係トレーニングのなかで育ってきた。人間関係トレーニングというのは，対人関係に問題が起こったとき，その関係性を変えることで問題を解決していくトレーニングであり，新たな行動を試すことができる小グループのなかでの体験を通して新たな行動を体得していくというプロセスを重視する。その同じ手法が，同じ行動変容を目的とした環境教育に有効だとして取り入れられているのである。

　体験活動と体験学習は違い，体験活動は活動そのものが目的となっている傾向が強いが，体験学習の場合は学習目標が明確にあり，体験はあくまでも手段であるということである。体験を単なる体験で終わらせるのではなく，それを一人ひとりの学びにつなげなければならない。その学びの種類には2つある。一つは活動の内容そのものが学びとなるものである。もう一つは，その活動の

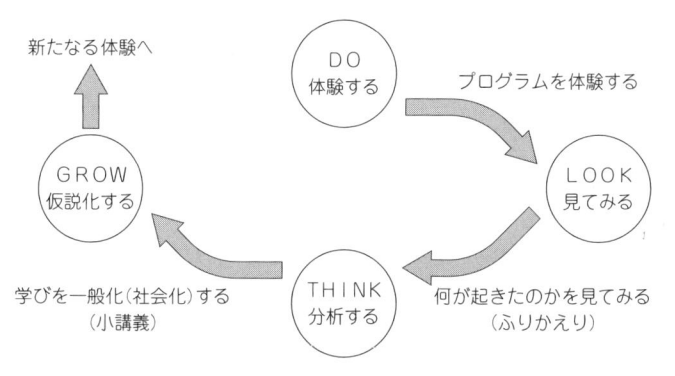

図3-5 体験学習のプロセス

- DO 体験する — プログラムを体験する
- LOOK 見てみる — 何が起きたのかを見てみる（ふりかえり）
- THINK 分析する
- GROW 仮説化する — 学びを一般化（社会化）する（小講義）
- 新たなる体験へ

プロセスに焦点を当て，個人が感じたり気づいたことをグループの関わりのなかで明確にし，現実の場面への一般化という作業を通して，体験したことをそれまでの経験とつなげていくことで，現実の生活における学びにつなげていこうというものである。現在の学校教育では，知識を学ぶことにウエイトが置かれ，体験としての現実場面との関わりがあまりにも少なくなってしまった。

2002年（高等学校は2003年から）から学校教育のなかに総合的な学習の時間が導入された。この総合的な学習の時間に求められているのが，体験を通した学び方の手法を使った教育活動だと考えられている。さまざまな教科で学んだ知識を総合的に使いながら，新たな行動様式を自らの力で身につけていく。いいかえれば，自分で課題をみつけて主体的に解決していくプロセスを身につけること，要するに，学び方を学ぶことこそがこれからの子どもたちに必要とされるものであり，環境教育に求められている目標と重なってくる。また，この体験を通した学び方を行ううえで重要なのは，指導者と学びの受け手とは，教え-教えられるという関係ではなく，共に学び合う関係でなければならないということである。経験の差はあるが，同じ体験を共有するなかから気づき，学ぶ内容は，お互いに尊重し合う関係，そういった相互に学び合う関係から新たな価値を創造していくプロセスをつくりあげることが重要だと考えられている。すなわちワークショップ的な学び方とでもいえるものであり，「総合的な学習の時間」にはこのようなワークショップ的な学びの場の創造が求められている

のである。

2　体験学習法の特徴

　ここでは，体験学習法の特徴を整理して説明する。
① 体験学習法とは
　・学習者（参加者）の体験をベースに，「今，ここ」に共有されるデータに基づいて，自己，他者，それらの関わり方，その場の気づきを通して学習（成長，変革）する教育方法で，基本的に参加者の学習要求に応じてデザインされ実施される。
　・人は体験からさまざまなことを学ぶ。人と人，集団や社会のなかで，相互関係のなかで。
　・体験は成長の源泉である。
② 体験学習の前提条件
　・学習者主体の学習である
　　　学習の主人公は学習者自身，教師は脇役であり援助者である。教師の役割は学習の場を設け，体験を明確にしたり仮説化（一般化）を援助することである。
　・生涯学習，学び方を学ぶ学習
　　　学びの場は今生きている生活の場そのものである。
　　　生活のなかで体験学習法のサイクルを意識していると成長の助けとなる。
　・体験と理論の統合
　　　体験が現場に適応されるためには体験の仮説化が必要。
　　　明確な仮説化（理論化）が新しい状況のなかで生かされる。
③ 体験学習の特色
　(1) 主体性……「私が」
　　　主体的な学習：体験は他人のものではなく，学習者自身のものである
　　　主体的な参加：身も心もその場にあること（一人称の教育）
　(2) 現実性……「今，ここ」

今，ここで起こっていることが学習の素材：リアルな学習

開かれた心，聴く耳，観える目が必要（体験学習で体得）
(3) 協働性……「たすけ，たすけられる」

協働の学習：相互援助関係による学習（互いに相手をうつす鏡に）

他者がそこにあることによって学習が深められる
(4) 創造性……「つくる」

創造的な学習：学習者自身が自分の手でつくりあげていく学習

指導者は与える人でなく，援助する人：学習者の能動性が必要
(5) 試行性……「こころみる」

試みる学習：新しい自分を発見し，可能性を見つけだすためには，これまでの枠にとらわれずに，新しい状況に挑戦すること。体験から導き出された仮説は試行されることによって命をもち，挑戦が，さらに新しい体験を産み出す。

④ 体験学習と社会
- 体験学習が効果を発揮できる領域は，「人間の行動が絡んでいる領域」である。
- 体験学習は変化することに価値を置いている。
- 変化することは，成長すること。
- 変化とは，個人に関しては態度や行動傾向に関すること。
- 社会変革のステップに体験学習法のステップが適応できる。

3　環境教育の教材

ここでは日本でも注目されているアメリカの環境教育カリキュラム，Project Lerning Tree (PLT) と，Project WILD を，紹介し，その特徴についてみていきたい。

1　Project Learning Tree (PLT)
① PLT の始まりと今

第3章 環境教育

　PLTは，1970年代のはじめにアメリカで開発された世界で最も古い環境教育プログラムの一つである。アメリカでは現在，環境教育の副教材として50州すべての学校で使うことが認められ，毎年約6万人の教育者がこのPLT教材の使い方を習得するためのワークショップに参加し，正規の授業のさまざまな教科のなかで環境を学ぶときの副教材として使われている。もちろん，学校以外でもネイチャーセンター・博物館・スカウトといったところ等で使われ，また，アメリカ合衆国以外では，カナダ，日本，メキシコ，スウェーデン，フィンランド，ブラジルといった国々でも使われている。

　PLTは，1973年にアメリカ森林協議会と西部13州の教育委員会や自然資源局の代表者で構成される西部地域環境教育協議会（WREEC）との共同チームにより開発された。このように，教育者，科学者，自然資源の専門家，企業の専門家という立場の異なる専門家により構成された集団は，小・中学校で使える環境教育プログラムの開発といった目標のために，互いにパートナーシップをとりながら，バランスのとれた環境教育教材つくりをめざしたことで，現在でもアメリカ森林財団（教育財団）とWREEC等の多くの支援を得ている。そして1985年には，PLTを開発した団体に大統領から「クリスタル賞」が手渡され，その他にも多くの賞を受賞している。また，1990年には4版目として大幅な改訂が行われ，より教師にとって使いやすいものになっている。

② 木や森林が先生

　PLTは，「環境」という何だかとらえどころのない内容を学ぶときに，身近にある樹木や森林を使いながら，土・水・空気といった自然界や私たちの社会といった環境全体について学ぼうとするものである。したがって，PLTはけっして木について学ぶのではなく，木を（森や林を）「環境」という世界に開かれた窓として使いながら，周りの環境で起こっている問題に気づくことができるよう子どもたちの柔軟な（創造的で批判的な）思考を刺激し，解決に向けた決断を下すための情報を獲得する能力を身につけさせ，考え出された意見には自信をもたせ，環境のために責任ある行動がとれる個人を育てることをめざしてつくられている（このようなアイディアを元にProject WILDやProject WETが開発され，全米で広く使われている）。そこで学ばれることも，

第4節　環境教育の実際

環境の「何かを学ぶこと」ではなく,「どのようにして学ぶか」といったことに焦点が当てられ, 地域からグローバルな視点までをもった環境教育プログラムとなっている。といっても, けっして環境教育の専門家のためにつくられたのではなく, あくまでも「これから環境教育をやってみたい」という一般の教育者を対象に, どのような教科でも環境教育が取り入れられるものとしてつくられている。

③　PLT のアクティビティー

全体を5つの概念（多様性, 相互依存, システム, 構造とスケール, 変化のパターン）に分け, さらに, 環境・資源管理と技術・社会と文化といった領域に分類し, 木をとっかかりとした活動が組まれている。

そのなかのいくつかを簡単に紹介すると,

- 子どもたちに丸・四角・三角の型を持たせて, 自然界から同じ形のものを探してみる。
- 全員が鳥になり, カモフラージュを中心に自然界の営みについて学ぶ。
- 全員が水の分子になり, 地球上を循環するシミュレーションを行う。
- ある地域の生き物を書き出し, 全員が一つの生き物の役割を取り, 生き物同士を紐で結びながら, そのつながりを考える。
- ある地域の人間の行為を書き出し, その行為の良い面・悪い面を考えながら, 自然の営みと開発のバランスを考える。

これ以外に, 幼稚園児から中学生までを対象とした事例集には, 96の活動が紹介されている。そのどれもが, 体験学習を中心としながら, 教科書や資料を使い, 学びを深めていくようにできている。どの活動も, 単に活動を通して概念を身につけるためにも使うこともできるが, それ以上に, 小グループでの協力作業を通して, お互いの関わりから一人ひとりの気づきを大切にし, 他人との違いから多くのことを学び, その結果, さらに環境への関心を高め, 環境に対する積極的な態度を養っていく。そのために教師の役割は, 子どもたちの関わりを促進するファシリテーターとしての役割が大切になってくる。要するに, 教材という道具をうまく使いこなすのも教育者の腕しだいというわけである。付け加えると, 各々の活動は, 構成主義学習理論とホリスティックなアプロー

チに基づいてつくられている。

2 Project WILD

　Project WILD は，Project Learning Tree に次いでつくられた環境教育の副教材として1986年につくられた。体験学習のプログラムは身近にふれたり，身近に感じられるものを使うことが大切である。子どもたちにとって身近な存在である「生き物」を通した環境教育教材は子どもたちにも人気の高いものとして使われている。日本には1999年に国土交通省の外郭団体である（財）公園緑地管理財団によって導入され，全国の国営公園を中心にリーダー養成が行われるようになった。

① Project WILD の定義と目的

　Project WILD の定義は，「多数の分野にまたがる補完的な環境保全および環境教育プログラム」である。Project WILD は，主として幼稚園児から高校生を指導する教師を対象としている。その目的は，あらゆる年齢の学習者の気づき，知識，能力，および実践力を発達させ，野生生物および環境に関して，十分な情報を得たうえでの決定，責任ある行動，建設的な活動を行う能力を身につけさせることである。

　Project WILD の活動は，科学的な概念に基づいており，学習者の興味を引き出す効果的な教育手法を採用しており，活動は容易に実施でき，野生生物に関する予備知識は必要ない。

　Project WILD は，多様な価値観が混在する問題にも偏りなく対処しており，その活動および教材は，問題に取り組む方法を指導するものであり，特定の見解を擁護するものではない。Project WILD では，人々が自分自身で正しい決定を下すためには，さまざまな情報が必要であると考えられている。

　「生息地の重要性」が Project WILD の基本的なテーマであり，生息地とは，「ある生物の生息条件を満たす，食料，水，隠れ家，空間が適切に配置されたもの」であると定義できる。生物が絶滅危惧種，絶滅危機種，絶滅種となる最大の原因は，「生息地の消失」である。

　Project WILD の概念的な枠組みには7つの主要項目があり，活動の手引き

の付録に記載され，活動の手引きは次に紹介する7つの概念テーマに対応した7章で構成されている。

② Project WILD のテーマ

(1) 気づきと理解

　人間と野生生物は環境を共有し，基本的に必要とするもの（食料，水，隠れ家，空間）も共通している。人間も野生生物も同様に多くの環境条件に支配されているが，人間には環境条件を変更する能力がある。私たち人間は，自分の行動が生物に及ぼす影響を考慮する責任がある。

(2) 野生生物の価値の多様性

　人間にとって野生生物は，美的，生態学的，科学的，社会的，政治的，商業的，経済的な価値と，レクリエーション上の価値がある。野生生物には，その生物本来の価値もあるが，われわれは往々にして人間にとって必要なものや欲しいものという面から野生生物の価値を評価しがちである。

(3) 生態系の原理

　生態系の生産能力は，気候と地質によって決定されている。気候と地質によって土壌の発達，養分，湿度が決定され，固有の植物群が形成される。基本的な資源が豊富にあるかどうかによって，そこで生き残ることができる高等生物の種類や数が決定される。

　各生態系には特徴的な生物が生息しており，それらの生物間およびそれらの生物と環境との間には，相互に依存する関係があり，すべての生態系内で，変種，変化，適応がみられる。

(4) 管理と保全

　健全な科学的知識と技術を応用して，私たちは野生生物を管理，保全することができる。野生生物が生き残るためには，良好な生息地が不可欠である。多くの人々が野生生物を自然資源とみなしている。

(5) 人間，文化，野生生物

　人間の文化および社会は，過去から現在に至るまで，野生生物とそこの生息地に影響を及ぼすと同時に，野生生物とその生息地から影響を受けている。社会は，野生生物とその生息地を管理，利用するためのプログラム，政策，法律，

および規則を作成あるいは制定している。

(6) 傾向，問題，結果

野生生物やその生息地を人間が利用することが世界中で増加している。野生生物やその生息地に影響を及ぼす問題は複雑で，代替案や結果の分析も含まれいる。他の国が抱える野生生物に関する問題には，わが国と同様の問題もあれば異なる問題もある。

(7) 人間の責任ある行動

レクリエーションを含めた人間のライフスタイルは，直接あるいは間接的に野生生物に影響を及ぼしている。個人をはじめとする社会全体が，環境に対して責任ある行動をとる義務がある。

Project WILD も，リオ・デ・ジャネイロでの環境と開発に関する国連会議（通称：地球サミット）を受けて，「持続可能性」をテーマに新しい概念的な枠組みと構成に基づいて以下のように変わってきている。

1．生態系の知識

  1）野生生物の個体数　2）生息地，エコシステム，棲み分け

  3）相互依存　4）変化と適応

2．社会と政治

  1）文化的な展望　2）経済，コマーシャル，レクリエーションを考える

  3）歴史的，地理的な開発　4）政治や法律の概念

3．野生生物資源の持続性

  1）態度と気づき　2）人間活動の影響

  3）問題と傾向　4）野生生物の管理

4　環境学習センターにおける環境教育プログラムの実際

アメリカの首都ワシントン D.C. から40km ほどはなれたメリーランド州のポトマック河畔にある「アリスファーガソンファーム環境学習センター」は，毎日，日帰りや1泊で子どもたちがやってきて，環境との上手なつきあい方を学んでいる。その半日のプログラムを紹介する。

子どもたちは学校のスクールバスでクラス単位で環境学習センターにやってくる。この日は近くの町の小学5年生の子どもたちがやってきていた。

　引率の先生はここまでで，センターの環境教育プログラムスタッフに指導をバトンタッチする。もちろん，引率の先生たちはプログラムのオブザーバーとして共に学ぶのである。まずは，スタッフの紹介や生活上のルールといったオリエンテーションを室内で行う。

　その後は，あらかじめ決められたグループに分かれる。この日は全体を3つのグループに分け，筆者は「川のグループ」についていくことにした。

　ここでのプログラムは1人のセンタースタッフが1つのグループを担当する。この日のグループは，子どもたちが6名と引率の先生が1人の合計8名でプログラムを行う。子どもたちはスタッフを囲むようにして床に座り，まずはプログラムの概要を聞く。1枚のポトマック流域の航空写真が用意してあり，「雨が一滴降ってきたところから流域が始まるんだ」と流域の概念について説明していく。それが終わると，子どもたちは長靴にはきかえて河原に出かける。

　子どもたちの手には網とバケツがにぎられている。長靴をはいて歩いている姿をみると，彼らには冒険に出かける気持ちがあふれていることがわかる。水辺に着くと（歩いて5分ほど），さっそく網を水のなかに入れて水生昆虫や小魚をつかまえる。役割を変えながら何度も網を水の中に入れていく。でも，その格好はおっかなびっくりといった感じであり，そのため，網に入った昆虫にはなかなか手が出ないのである。どんな昆虫なのかシートを見ながら確認していく。何度か昆虫を捕ることを繰り返しているうちに手で触ってみようとする子も出てくる。網ですくった水生昆虫や小魚をバケツのなかに入れ，スタッフがポケットから小さなビンに入っている食紅の水溶液をスポイトで吸いながらそれぞれの生き物の近くで吐き出し，呼吸をどこでしているのかといった実験をしてみせる。魚は鰓で呼吸していることが一目でわかり，スタッフは子どもたちがすくった生き物の呼吸について話をしていく。

　川辺は湿地になっていて，水の浅いところを入りながら歩く。水を含んだ草を踏み，ところどころ水の中に足を踏み入れながらのハイキングは子どものころを思い出させてくれる。道は一本の板の上を歩くようになっていて，ところ

第3章　環境教育

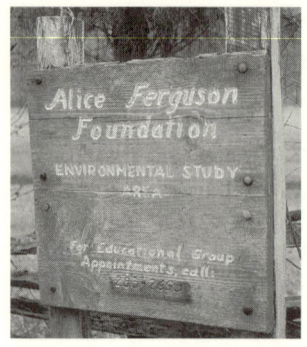

写真3-3　アリスファーガソンファーム環境学習センター

写真3-4　オリエンテーションの様子

写真3-5　川に入る子どもたち

写真3-6　展望台

どころ水没している。スタッフは子どもたちに「どうする？」と聞くが，子どもたちの答えは，もちろん「ＧＯ」。前後の子どもたちと手をつなぎながら，慎重に歩いていく。

　このあたりの公園には野生の鹿が棲息していて，鹿の通り道がところどころにある。ブッシュの中の鹿の通り道をみつけ，ブッシュをかき分けて通ってみることになり，刺のある木に注意しながらアドベンチャーハイクをするが，何のことはない5ｍほどの道なき道もアドベンチャーなのである。

　トレイルは再び河原に出，湿地帯を見わたせる展望台で鳥の観察をしたり湿地の植物や湿地の特徴を聞いた後，ポトマック川の本流の河原でごみを拾い，用意してあったゴミ袋にそれを競うように入れていく。

　その後も小川に入ったりしながら午前中のプログラムが終了する。

午後は農場のプログラムを体験し，その夜はセンターで泊まり，2日目は「川を汚したのは誰だ」といったプログラム（全米で賞を受賞）を通して，川を汚している社会的な原因や個人の生活を理解し，川を汚さないような具体的な方法を学んでいく。この施設にあるような環境学習プログラムは，ポトマック川流域の学校で義務づけられていて，数カ所の民間の環境学習センターが運営している。

写真3-7 魚の呼吸をみせるスタッフ

5 まとめ

1991年にアメリカのハロルド・ハンガーフォードとトルーディー・ボルグが，「環境教育を通して学習者の態度を変える」という論文を発表し，「環境に敏感になる」ことが行動を変えることに深く関わりをもつことをみつけた。いいかえれば，エコロジーの知識も大切だが，それだけで環境に対して責任ある行動を生み出すことにはならないということでもある。二人によると，自然に直接触れることによって，自然と一体となることができ，このような自然に対する感情は，仲の良い友人や家族と一緒に自然が多く残っている場所で過ごした経験から自然と生まれてくるものだという。また同時に，子どもたちに大きな影響を与えたのは「指導者の後ろ姿」でもあると，この2つの要素が子どもたちの行動変容に結びつくと結論づけている。要するに，自然のなかでの体験と大人の行動を子どもたちは見ているのである。

自然のなかで生まれてきた子どもたちは，生まれながらにしてセンス・オブ・ワンダーを身につけており，自然との共感を保ちつづけるといった環境のなかで，大人をモデリングとしながら育っていくのである。環境教育は，単なる知識を伝えることだけではなく，行動を身につける学問でもあり，指導者の生きる姿そのものを子どもたちがまねをし（モデルとし）ながら行動を身につけていくのである。

（山本幹彦）

第3章 環境教育

第3章関連年表 アメリカにおける環境教育の動き

	環境に関する動き	環境教育	その他	日本
1872	イエローストーン国立公園創設			
1892	シェラクラブ創設			
1931				国立公園法制定
1948			国際自然保護連合発足	
1951				日本自然保護協会発足
1955	アメリカ大気汚染規制法制定			森永砒素ミルク中毒
1956				水俣病報告 自然公園法制定
1958			ベトナム戦争への介入	
1961			WWF発足	
1962	「沈黙の春」発表			水質保全法
1963	大気清浄法制定			
1964	原生自然法制定		公民権法制定	
1967				公害対策基本法制定 大気汚染防止法制定
1969	ニクソン大統領「環境問題特別教書」議会に提出 国家環境政策法制定		アポロ11月に着陸	
1970	第一回全米アースデー 環境保護庁設置 マスキー法制定	環境教育法制定 西部地域環境教育協議会設立	ラムサール条約締結	公害学習を明記 公害国会(公害関連14法案成立)
1971	グリーンピース活動始まる	全米環境教育協議会(NAAEE)発足		環境庁発足
1972		OBIS Environmental Stadies	国連「人間環境会議」(ストックホルム) 「成長の限界」発表(ローマクラブ)	自然環境保全法制定 日本列島改造論
1973			国連環境計画(UNEP)発足 ワシントン条約採択	

第4節　環境教育の実際

年	環境に関する動き	環境教育	その他	日本
1974	ワールドウォッチ研究所設立	The New Games Book	「危機に立つ人間社会」発表（ローマクラブ）	自然保護憲章制定／日本版マスキー法制定
1975			ベオグラード国際環境教育専門家会議	「複合汚染」有吉佐和子／国立「少年自然の家」設置
1976			環境教育地域専門家会議	
1977		Project Learning Tree		
1979	スリーマイル島原発事故	Project Adventure (Cowstail and Cobras)		「環境教育研究会」発足／トビリシ環境教育政府間会議
1980	政府「西暦2000年の地球」発表	Sharing Nature with Children		
1982				ラムサール条約批准
1983	「核の冬」発表		国連総会「世界自然保護憲章」制定／ナイロビ会議	自動車NOx法制定
1985		環境教育法失効／Project WILD	国連「環境と開発に関する世界委員会」発足	「自然観察の森」設置
1986			チェルノブイリ原発事故／世界環境教育会議（東京）	ネイチャーゲーム刊行
1987		Aquatic WILD／Nature Scope	「Our Common Future」発表／モントリオール議定書採択	建設省「自然観察生態公園」構想発表
1988			気候変動に関する政府間パネル（IPCC）設置	オゾン層保護法制定
1989	バルディーズ号原油汚染		ナチュラルステップ／ベルリンの壁崩壊	
1990		環境教育法制定		日本環境教育学会発足／文部省「環境教育指導資料」作成
1992			国連「環境と開発」（リオ）／気候変動枠組条約採択／生物多様性条約採択／バーゼル条約発効	Project Learning Tree日本上陸／生活科スタート
1993	大統領諮問委員会「Education for Sustainability」			環境基本法制定／阪神大震災

第3章 環境教育

年	環境に関する動き	環境教育	その他	日本
1994				環境基本計画閣議決定
1995				包装容器リサイクル法制定
1996			砂漠化対策条約発効	
1997		プロジェクトWET事例集発行	COP3京都開催 デサロニキ宣言 国連環境開発特別総会	環境影響評価法制定 ナホトカ号重油流失事件
1998				家電リサイクル法制定 地球温暖化対策推進法制定
1999			世界の人口が60億人を突破	Project WILDワークショップ
2000				グリーン購入法制定 循環型社会形成推進基本法制定 食品リサイクル法制定 建設リサイクル法制定 新環境基本計画閣議決定
2001	米国同時多発テロ		COP7（マラケシュ合意）	森林・林業基本法制定
2002			ヨハネスブルグサミット	

154

第4章
福祉教育

第1節　現代社会と社会福祉

1　社会福祉の概念

　人間は生涯にわたって，健康で人間的な生活を営む権利を脅かすようなさまざまなリスクを経験するが，その諸リスクに対して自力で適切に対処することができなかった場合，社会生活が不可能になる。そして，その問題解決のためには，外部からの援助を受けなければならなくなるが，外部からの援助を社会的に制度化したものが社会福祉である。つまり，社会福祉は，人間の社会への不適応問題を解決するための組織的かつ社会的な活動である。その不適応問題の原因は，人間にある場合もあれば社会そのものにある場合もある。したがって，問題解決のためには，人間を社会に適応させようとする努力とともに，社会そのものを人間に適応させようとする努力も並行しなければならない。前者は個人の社会に対する考え方や態度，現在の能力水準などに変化をもたらすことによって個人を社会に適応できるように援助することであるが，社会が個人の不適応問題を引き起こすような構造的矛盾を抱えている場合には，社会そのものを変えなければ問題解決には及ばないので，後者の努力も必要となるのである。要するに，社会福祉とは，人間の社会への不適応問題を解決するために，個人と社会の両者の変化を試みることによって，その問題を解決することを目標とする社会的活動である。

　人間の社会への不適応問題はいかなる時代においても存在していたが，産業革命に代表される巨大な社会経済変動によって爆発的に拡大された。ある特定の地域にみられる現象から社会全般の問題になり，一時的な問題ではなく，恒常化されるようになったのである。こうした問題の性格変化に対応しながら，社会福祉の範囲も拡大され，ついにそれが社会制度化されるようになった。こ

のような事情から，社会福祉は19世紀の産業化に対する20世紀の産物であるといわれている。

　人間の不適応問題を解決するための努力が，個人的・恣意的なレベルで行われるのではなく，組織的で社会的な活動を通じて行われることは，社会福祉の重要な特質である。個人を援助するためのある行為や活動が，社会福祉活動であるか否かを判別する根拠は，その活動が社会的に行われているものか否かにある。むろん，国家による公式的活動だけでなく民間活動においても，もしそれが組織的で社会的な努力を通じて個人の不適応問題を解決しようとするなら，それを社会福祉活動とみなすことができる。したがって，単なる施しは社会福祉活動とはいえない。

　人間の社会不適応問題の原因は多様である。それはしばしば個人的原因によるものと社会的原因によるものとに大別されることがある。ところが，注意しなければならないことは，現代社会におけるこのような原因の区分が，それぞれの原因に見合った社会対策を講ずるために行われるということであって，個人を非難するために行われるものではないということである。たとえば，アルコール中毒によって貧困問題が生じても，その解決責任は国家にあるということは明白であるが，ただ，それが個人的な要因によるのであれば，その個人の変化を試みる必要があるという理由からである。

　ある事故によって障害をもつようになった場合，社会構造や慣習，そして社会制度が障害者の雇用を妨げる現実があるにもかかわらず，障害発生による心理的ショックを解消するために当事者だけを対象にカウンセリングなどを行うことは完全な姿の社会福祉ではない。個別的に対応するそのようなサービスとは別に，最も重要な生計手段である雇用を保障するために新しい障害者雇用促進制度を創設することや，障害者に対する雇用差別を容認する既存の制度や法律の改革を図るなど，社会をも変化しようとする努力が並行されるとき，初めて現代的社会福祉の姿が完成されるのである。

　社会福祉の概念を狭義に定義すると，それは社会の一部の貧困階層など自立できない人々のための扶助制度のことになるが，そのような狭義の概念規定は現代においてはほとんど行われていない。広義の概念に基づいて全国民を対象

にする社会福祉の領域には社会保険，公的扶助，対人福祉サービスが含まれる。社会保険とは，社会的に定型化された社会的リスクから国民の生活保障を図るための制度であり，保険の原理によって運営される。社会的リスクの代表的なものは，老齢，疾病，失業，労働災害であり，そのそれぞれに対処する社会保険が，国民年金，健康保険，失業（雇用）保険，そして労働災害補償保険の四大社会保険である。2000（平成12）年から日本で導入された介護保険は，こうした4つの典型的なリスク以外に，「長期的に介護が必要とされる状態」を社会的リスクとして認めることによって成立した5番目の社会保険である。

　公的扶助は生活困窮の状態にある者に対して，公的な一般財源から生活保障給付を行うものであり，その代表的制度は生活保護制度である。

　対人福祉サービスは，特別なニーズをもっている高齢者，障害者，児童などとその家族を対象にし，対面的な関わりを通じて，個別的に提供されるサービスをいう。日常生活の援助や身の回りの世話とともに，専門的ケアや予防サービスなどをその内容とする。このサービスの大半は従来家族が担っていた機能であったが，核家族化や少子高齢化などにより家族機能が低下することに対応して社会制度化したものである。

2　社会福祉の価値

　社会福祉とは，社会福祉が重んずる諸価値を社会的に実現するための活動である。社会福祉はつねに社会と人間に関心をもっているので，より望ましい人間像や社会像についてある種の価値をもっている。しかし，人間と社会に関心をもっていない社会制度や学問領域などありえないことであり，したがって，社会福祉以外の分野においても，社会と人間に対するそれなりの価値が追い求められるのは当然のことである。このようなことから，社会福祉の価値は，他の分野の価値と共通する場合が少なくない。たとえば，社会福祉においては，最重度の障害をもっている人間でも適切な機会や刺激が提供されると必ず発達（development）するという価値をもっていて，そうであるからこそ，そのような機会が保障されなければならないとされる。いわば「発達保障」の価値とい

うことであるが，それは社会福祉の価値であると同時に教育活動や教育制度の価値でもあるのである。

　社会福祉の活動レベルが多様であるので，その価値も，社会福祉政策の基調を決定する選択に関わるものから，社会福祉実践活動における援助方法の選択に関わるものに至るまで多様なレベルにおいて存在する。マクロレベルの価値によって，実践活動におけるミクロ次元の価値が派生するが，前者はとくに他の領域の価値と重なる傾向が強いのである。マクロレベルにおいて，社会福祉の核心的価値としては，人間の尊厳性，社会的公平，そして社会的効果という3つの価値があげられる。

　社会福祉の最も基本的価値は人間尊厳の価値である。人間は身分や職業，経済状態や身体的あるいは精神的条件，傾倒された思想，出身地域や民族，肌の色，性別，年齢などを理由に差別されることや，人間性が否定されることがあってはならないという価値である。しかし，きわめてあたりまえのようなこの考え方が，人類の歴史を通じて実際に実現されたことは一度もないといっても過言ではなく，それは現代社会においても同様である。たとえば，「不治患者に安楽死を命じる指令」という名のナチスの指令によって，1939年から数年の間に約30万人のドイツ人の精神病患者，遺伝性疾患者，老人養護施設の人々が虐殺されたのである。

　社会福祉の側面からみると，人間尊厳の価値の実現は，まず，人間らしい生活を営むことが可能になるように，ある一定以上の生活水準を維持することがその条件になる。現代国家においては，国民に健康で文化的な生活水準を保障することが国家の義務であることを認識し，それを憲法に明記している。最低生活基準を設定し，すべての国民にある一定水準以上の生活を保障するというナショナル・ミニマム（National Minimum）の思想を実現するために，国家は社会保障制度の充実化を通じて，最低生活基準の確保に努力してきたのである。しかし，社会保障制度による最低生活保障は，人間尊厳の価値実現のための必要条件であるだけで，十分条件ではない。人間尊厳の価値実現のためには，制度以前に社会そのものに人間の尊厳が尊重される社会文化が定着できるように努力する必要がある。偏見や差別のない社会づくりのための努力がそれである。

制度面での努力とともに福祉文化レベルの努力が並行されるときに，初めて人間尊厳価値の完全な実現が可能になるのである。

　人間尊厳の価値はまず，人間が主体的存在であるという事実，そして人間は積極的刺激と機会提供によって必ずある種の望ましい変化がもたらされる存在であるという2つの事実を認識する。前者によって，ある人間が，たとえいまは自立ができず，国家援助に頼らざるをえない状態であるとしても，自分に関わる重要な決定は自ら行う能力をもっている存在であるという「自己決定」の価値が生成される。また，後者によって，「発達保障」という優れた価値が派生するのである。

　社会的公平（equity）は，社会的資源が社会構成員の支払能力によって配分されるのではなく，必要の程度に応じて配分されるのが望ましいという価値である。社会問題の解決は，社会共同の努力と負担で，しかも個々人の社会経済能力に相応する負担で対処されなければならないという社会的連帯の表現である。つまり，公平の価値は共同体の構成員としての友愛と協力義務に基づいているものである。

　社会的公平の価値は，身の安全を脅かされているある一人の市民のために多数の警察官が警備にあたるという例で説明できる。「身の安全」というニーズに対応する公的な資源が警察である。平常は安全に対するニーズに市民間の格差が少ないが，もしある市民が脅迫されているとしたら当事者の安全に対するニーズは急に高まる。したがって，その人のために一般市民より多くの公的資源（警察）が割り当てられるのは当然のことになる。

　社会福祉制度は所得再分配の性格をもっている。資本主義社会での所得は，基本的に賃金，利潤，そして地代の形で一次的に分配されるが，所得の分配には多様な要素によって不平等が発生するため，国家が市場経済に介入し，強制的に分配の不平等を緩和ないし修正することを所得再分配という。資本主義社会の矛盾を緩和し，社会を安定化する所得再分配の機能は，主に財政制度と社会福祉制度（とくに社会保障制度）によって行われる。このような再分配の性格をもつ制度を国家が強制することが可能なのは，「社会的公平」の価値に対する国家的合意があるからにほかならない。

社会的効果（social effectiveness）の価値は，「社会福祉はひとつの投資であって，長期的には社会統合に役立つことによって社会費用（social cost）を減らすので，社会福祉資源の投入は，経済的効率を優先的に考慮するよりは社会的効果を念頭におきながら行われるべきである」という価値である。むろん，現代社会においては資源の希少性のため経済的効率への考慮も欠かせないが，それにもかかわらず，たとえば貧困の解消のために多くの資源が投入されれば，長期的にはそれが社会の持続的発展に寄与するという認識が社会的効果の価値である。

　社会福祉制度はおおむね外部効果をもつ。外部効果とは，たとえば，果樹園がつくられることによって果樹園外部の養蜂業者が思わぬ利得を得るような効果のことをいう。結核の患者を治療することは，周りの多くの人々を結核伝染の危険から保護する外部効果をもつ。過密居住は近親相姦の弊害を引き起こす要因として指摘されているので，それを解消するには居住環境を改善するという本来の目的以外に，近親相姦問題も予防するという外部効果をあわせもつのである。貧困問題を解消し，所得格差を減らし，すべての国民が保健医療や居住などの領域において最低基準以上で生活することになると，多くの社会費用を減らすことができるというのが社会福祉の基本的な認識である。

3　社会福祉の動向

　現代社会において社会福祉問題は，複合的な形をとりながら，なおかつ拡散されるようになり，それに対応する社会福祉にも新しい変化がみられ，社会福祉に対する見方においても大きな変化がみられるようになった。

　社会に占める社会福祉の比重が大変重くなり，社会福祉は社会発展そのものと切り離しては考えられない領域になった。国内政治においても年金制度や高齢者福祉などが最も重要な議題の一つになっていることから，巨視的な視点から社会福祉問題を考える傾向が強まっている。たとえば，少子化問題は，将来における労働力不足の問題として解釈されているのである。社会福祉問題を全体社会との関連から考えるようになったのは望ましい変化といえよう。

第4章　福祉教育

　社会福祉領域の拡大は必然的に国民負担の増加をもたらす。しかし，一方では経済の低成長による税収の減少，もう一方では高齢化の進展にともなう福祉支出の増加によって財政的に苦しい立場に追い込まれている。こうした事情にグローバリゼーションに便乗した新自由主義的傾向が加わり，福祉に対する個人や家族の責任が強調され，中央政府よりは地方の財政責任がより強調されるようになっている。

　人口高齢化の影響を直接に受ける年金制度は，その対応に迫られている。多くの国家は，年金開始年齢を繰り延べるとか，比較的高い水準である退職前の何年間の平均所得ではなく，生涯所得の平均所得を年金算定基準とするような制度変更を通じて，年金給付の水準を引き下げるなどの改革を行ってきた。日本のように，高齢化の速度がきわめて速い場合には，保険料負担の水準と実際の年金水準との間に隔たりが存在しうるし，相対的に多くの利益を受ける世代と，その逆の世代間に緊張や葛藤が発生する可能性もある。

　福祉供給主体においても，国家以外に民間非営利部門やボランタリー部門，ビジネス部門などの役割が大きくなっている。福祉多元主義ないし福祉ミックスと呼ばれる傾向である。こうした傾向はの個人負担の増加，サービスの質の低下，地域間サービス格差などの深刻な問題をもたらす可能性を高くしている。しかし，国民の生活の質や社会福祉の水準とは，その水準を確保するための国家財政の多少のみによって決定されるのではなく，社会そのものが共同体性をどれだけもっているのかによって，より大きく影響されるという事実を見落としてはならない。地域のレベルで福祉問題に対処しようとする傾向，生活単位である地域社会を問題解決の基本的単位とみる傾向は，地域共同体を強化するという，ある種の望ましい側面も含んでいるといえよう。

　社会福祉は，政治・経済・社会の変化に大いに影響され，その関連領域が広い分野に及んでいるので，社会福祉の研究や実践においては他の学問との学際的アプローチ（Interdisciplinary Approach）が必要となる。経済成長と資源の分配，政治権力の構造，社会発展と社会構造，人間発達，人間の動機，社会正義などにそれぞれ関心をもっているとされる経済学，政治学，社会学，教育学，心理学，倫理学などの学問から，多くの知識を借りなければならないのである。

また，高齢社会の到来によって，老人福祉の分野において老年学，居住学，医学，都市工学などの分野から多くの知識やアイディアを借りなければならなくなっている。社会福祉の国際協力においてその思想が強調されている「持続可能な発展」の思想も環境分野からきているものである。

持続可能な発展の思想は，一国内あるいは国家間において貧富の格差が広まったのは，社会が耐えられる範囲を超えて経済開発を一方的に求めてきた結果であり，国際的には自国の発展のみを追求した先進諸国の経済発展戦略が発展途上国の発展を妨げ，国家間の貧富格差を広げた結果を招いたという認識から形成された。それは社会開発を充実する措置をとらずには，これからの経済発展はもはや不可能であり，第三世界の低発展をそのまま放置しては，先進諸国の発展そのものも不可能になるという考え方の表現であった。国際的社会開発活動の目標にはアンバランスの是正が含まれているが，そのアンバランスには，先進国と開発途上国との格差，経済開発と社会開発とのアンバランス，貧富の格差，男女不平等などが含まれる。

貧困や失業などの社会問題は，あるひとつの国内の問題ではなく国際的問題になりつつある。国家間の相互依存性が強化されているからである。福祉国家を築き上げた西欧先進国は，開発途上国の社会開発分野に援助ないし協力をしなければならなくなっているが，それは自国の社会維持のためにも欠かせないことである。というのは，開発途上国の生活の質がある水準に達しなければ，これからは先進国の発展もありえないということが明らかになっているからである。

20世紀を通じて，国家間の貧富の格差は広がった。しかし，いまや裕福な国だけの発展はありえないということについては共感が広がっている。地球的規模で，人間の生活の質を高めようとする努力，生活の質における国家間格差を埋めようとする努力は，先進諸国の発展のために欠かせないことであるばかりでなく，地球レベルの社会発展の前提になるものである。たとえば，人口構造の変化によって労働力不足に悩まされている国家が，労働力過剰状態の開発途上国の労働力を労働移民として活用することは，地球規模でバランスのとれた発展を促進する契機になるばかりでなく，福祉国家の現実的問題を解決するよ

い事例にもなるのであろう。

参考文献
古川孝順・庄司洋子・定藤丈弘『社会福祉論』有非閣，1993年
朴光駿『社会福祉の思想と歴史』ミネルヴァ書房，2004年
萩原康生『国際社会開発』明石書店，2001年

（朴　光駿）

第2節　社会福祉の歩み

1　社会福祉の歴史的視点とは

　社会福祉は，現代社会の生活支援として成立しているが，それは自由に基づく人々の共同を通じて実現するしあわせを意味する言葉である。現代社会は，社会福祉をはじめとして，社会保険・公的扶助などの公的な生活支援制度や地域で自主的に展開される私的な支援ネットワークなど，さまざまな支援システムを不可欠とする社会である。これらの生活支援システムは，わたしたち一人ひとりの自由と民主主義をより実質的なものとするためにあるといってもよい。自由であるとは，よりよい生に向けて（しあわせの実現のために），われわれ一人ひとりの尊厳が重視されているということであり，その自由をすべての人の参加を通じて，すべての人に平等に保障していこうというのが民主主義という理念である。

　社会福祉は，20世紀現代へ向けての社会構造の大きな変化とともに形成されてきたが，その歴史的意義を理解するうえでも，人類史の全過程を通じたあゆみを学ぶことが大切である。さらに，福祉の歴史をひもとくことは，自らの依って立つところを明らかにしながら，その固有のあゆみを引き受けつつ，将来に向けてのよりよい社会福祉の方向を見定めることでもある。

　人間のよりよい生（しあわせを意味する広義の「福祉」）を求めるいとなみは，人類の始まりからの歴史をもっている。人間は他者との共同（社会共同）によって生存を維持してきた。今日の表現を借りれば，「ともに生きる」・「共生」ということになるが，それは生活支援の基本要件である。そうした社会共同は，他者を愛するという基本理念（愛他）に基づく。この「社会共同」と「愛他」は，時代に応じてさまざまな姿をみせるが，大きく3つの段階に分

けることができる。それは，前近代を特徴づける共同体的規制と身分制社会のもとで個人の自由を認めない社会共同を展開する第一段階から，その社会共同が解体し，近代社会の個人主義的な自由，自律が重視される第二段階を経て，自由のみならず社会的な平等の実現に向けて新たな社会共同を形成する第三段階である。生活支援は，こうした第一段階から第三段階の枠組みとともに変化してきたのであり，社会福祉はその第三段階の現代社会に登場する。

2　生活支援の三段階

1　前近代の救済──相互扶助と政治や宗教に基づく救済

　第一段階の生活支援は，抑圧的な共同体的規制と身分制社会のもとで展開する。ここでは，一人ひとりの自由・自律はみとめられないが，地域共同体内部での生活の共同（共同体の維持が優先されるために個人の自由を認めない形の相互扶助）によって生存が維持される。さらに，地域を越えて宗教的な愛他の実践（修行の一環としての救済）や支配者による政治的な救済が行われる。一般には，古代から中世までの前近代の時期に相当する。日本では，近世という江戸時代300年余りの時期もこの第一段階に含まれる。注意しなければならないのは，西欧社会と日本とではその救済構造に大きな違いがみられる点であり，それはこの第一段階における共同体の編成の違いに基づいている。

　西欧の古典古代のギリシャ・ローマは，ポリス，キビタス（独立した自由な共同体であるが内部に奴隷をもつ）を下部機構とする民主的な都市国家を形成し，その構成員として奴隷を除く市民への救済を制度化していた。ギリシャのソロンによる没落市民の救済，ローマのアンノナ・キビカ（貧困市民への食料給与）など，共同体構成員を対象とする公共的支援が行われた。それは地域社会の相互扶助が公共的（Public）な制度に成熟していったものである。古代ローマ帝国滅亡の後，中世封建社会は，荘園を単位とする独立した地域共同体を形成し，封建領主と農奴の関係が成立する。農奴は身分制と共同体の二重の規制のもとでかろうじて生存が維持された。都市では商人ギルドや職人ギルド（同業種組合）が生まれ，規制をともないつつも構成員の生活維持と利益擁護

が図られた。中世社会が一応の完成を迎えるまでの政治的混乱期には，キリスト教が西欧社会を唯一つなぎとめる要として機能し，教会を中心とした地域住民への救済（教区の救済）が実施されている。費用は十分の一税などによってまかなわれ，貧困者の扶養，寡婦，老人，障害者，孤児の保護，病人の保護，死者の埋葬，修道院などへの収容保護があった。最盛期にはホスピタル（救治院），アームズハウス（救貧院）がつくられ，老人，病人，児童などの収容保護施設として機能した。これらは，支配層の資金援助によることが多く，来世の救済を期待する応報主義的な色合いが強かった。都市では，商工業の発展にともなって人口増加が進むが，下層民の増加に対して都市行政が貧民救済を行うようになっていく。教区はこうした行政の単位となったのである。

　日本では，古代に専制的な統一国家をつくりあげ，超越的権威をもつ天皇による慈恵救済が，地域の相互扶助とは別に行われた。主に自然災害時や皇室の慶弔時に実施され，その後も鎌倉幕府から江戸幕府を通じて，支配層は古代の天皇にならって政治的な救済（慈恵策）を重んじた。慈恵とは，儒教の統治道徳によるもので，絶対者の恩恵を意味する。基本的には，共同体内部における相互扶助が前提となり，慈恵は，その相互扶助からはずれた人々，多くは労働能力がなく，地域の相互扶助にも頼れない「無告の窮民」（高齢者・寡婦・妻を亡くした夫・孤兒（児）＝鰥寡孤独の人々）のみを対象として米や金品を与えるという制限的なものであった。おおやけ（公）の救済は，こうしたきわめて制限的で慈恵的な特徴をもつ。他方，宗教的な救済としては仏教による慈悲の実践があった。造寺・造仏・架橋・築溝・井戸掘り・施行等が展開するが，あくまで仏道修行の一環として行われたものである。西欧社会にみられた相互扶助の制度化の動きは，中世郷村制の成立を経て，江戸時代に入って大坂の町方施行や江戸の町会所救済のしくみにみることができる。幕府の指示に基づくものの，その運営は町方が行い，費用も町入用の一部が主たる財源となっており，町会所救済では恒常的に貧困住民への救済を行っている。ただし近代以降，この制度は継承されていない。

第4章　福祉教育

2　近代の救済——自由がもたらす慈善事業と公共救済

　第二段階では，資本主義経済の誕生とその進展にともなって，それまでの共同体的規制や身分制による秩序が崩壊し，一人ひとりの自由ないとなみが追求されていく。自由を享受できた豊かな市民（ミドルクラス）による人間愛（博愛）に基づく慈善事業（人格的平等の理念に根ざした他者救済）や，治安対策をともなう公共的な救済制度が形成されていく。人間が初めて自由を獲得していくという近代は，人類史において最大の出来事であるが，その自由を実質的に謳歌できたのは，ごく一部の豊かな階層の人々だけであった。そのため，圧倒的多数の人々が抱える貧困・社会不安・不平等への対応は，現代社会の到来を待たなければならなかった。

　西欧社会では，自由な商品の流通と生産の拡大，自由競争を通じて資本主義経済が徐々に進行し，それまでの身分制社会が崩壊していく。キリスト教が支配した中世的秩序が解体し，人間の自由が新たな価値となる近代をむかえる。その先がけとなったのは，13世紀から16世紀にかけてのルネサンスと宗教改革という二大運動である。人間は神の支配にただ従属する存在ではなく，自由で理性的な個人として認識されるようになる。ルネサンスや宗教改革は，近代国家の原型をもたらし，知識を一般大衆へ開放するとともに神学に代わる新しい学問すなわち科学の誕生へとその影響が及んでいった。さらに17・18世紀の市民革命によって，ミドルクラスの人々は自由を獲得し，私有財産や政治的な発言権を拡大していくとともに，産業革命によってその経済力も飛躍的に大きくなっていく。反面，土地を奪われ名目だけの自由に放置された圧倒的多数の農民は浮浪貧民となり，社会不安を増大させていく。自由・自律が重視されるなかで，生活は個人の責任（自助努力）とされ，土地を奪われた農民は自らの労働力を売ることしかなくなり，近代の労働者階級が広汎に形成されるようになっていく。

　イギリスでは，浮浪貧民を治安対策の一環として厳罰に処しながら，地域では教区を行政単位として浮浪貧民を生じさせないための義務的公共救済が講じられるようになる。そうした諸法令をまとめたのが1601年のエリザベス救貧法である。内容は，教区住民であって，貧困で労働能力のない子どもや老人，障

害者などを対象にした居宅保護を基本とするが，児童には徒弟教育，労働能力者には就労強制などが行われた。費用は住民が負担する救貧税による。国家の制度ではあるが，自治体が運営するものであり，伝統的な地域の相互扶助が公共制度化したものである。その後，自由主義の進展とともに公共救済としての救貧法への批判も高まる。1834年には救貧費抑制を目的に新救貧法として改正され，国家管理化のもとで全国一律の運用とワークハウス（労役場）収容，劣等処遇原則などが盛り込まれた。他方，豊かなミドルクラスによる慈善事業が盛んになっていく。18世紀は博愛の世紀と言われるが，主に慈善病院や慈善学校が多く建てられている。こうした慈善事業は，自由と自律を厳しく求めるがゆえに自立した生活ができない人々を道徳的に劣等視する姿勢がみられ，個人主義的な自由，人格的平等に根ざしながら，あるいはそれゆえに道徳的差別をともなうことが多かった。

　日本の近代は明治維新（1868年）によって開かれるが，西欧の近代（300年あまり）とくらべてきわめて期間が短く，わずか40年あまりにすぎない。この短さは，近代の特徴である自由が未成熟のままで現代を迎えることを意味する。明治国家は，徳川幕府に代わって古代以来の権威をもつ天皇によって統治されることとなり，西欧の近代が市民を主人公として展開されていくのとは大きく異なる展開をみせる。したがって，資本主義も国家主導によって進められ，市民的な自由を実質化する契機を欠いていた。近代国家としての諸制度が西欧近代にならって形成されるが，公的な生活支援については古代以来の天皇の慈恵を再編成する形をつくりあげたのである。

　1874（明治7）年に成立した恤救規則(じゅっきゅうきそく)は，対象者を労働不能者でさらに相互扶助に頼れない無告の窮民に制限する慈恵主義的な救済制度であった。高齢者，孤児（児），廃疾者，長病者などへ1日米5合弱程度の現金給付を国家が恩恵として行うものであった。明治時代を通じてわずか2万人程度（年平均）が対象となったにすぎない。こうした慈恵の再編が可能であったのは，西欧とくらべて共同体の旧い秩序が温存されており，浮浪貧民が社会問題となるほどの規模で創出されなかったことも大きな要因となっている。

　国家の救済が限定されるなかで，民間には新たな慈善事業が展開し始めてい

く。1887（明治20）年に設立された石井十次の岡山孤児院は，キリスト教信仰に根ざした人格主義的な養護理念を掲げ，小寮舎制・里親制度・労働自活などの先駆的な実践を行った。また，明治末には大阪のスラム地域に保育所や夜学校を開設し，社会性をはらんだ防貧的な事業にも取り組み始める。こうした石井の活動のみならず，民間の慈善事業は，非行少年の保護として感化事業，保育事業，知的障害児の療育，養老事業，転落を余儀なくされた女性の自立支援としての婦人保護事業など，徐々に多様な取り組みを開始していく。以上のように日本近代では，自由が未成熟ななかで，国家による制限主義的な慈恵救済制度と，近代の人格主義的な慈善事業および古くからの地域に根ざす救済事業とが混在したが，施設の財政基盤は弱く，現代社会への移行のなかでしだいに国家主義的な方向を余儀なくされていく。

3　現代の社会福祉——自由をすべてのひとに平等に保障する生活支援

　第三段階は，近代が獲得した人間の自由に基づいて，あらたな社会連帯（公正や平等に根ざす人々のつながり，共同）が求められる。貧困が個人の責任ではなく，経済や社会のしくみから必然的に生ずるという理解が拡がり，生活支援が政治課題となっていく。

　19世紀末から20世紀にかけて，資本主義は独占段階をむかえる。自由競争の激化は，必然的に弱小資本を没落させ大資本による支配，独占や寡占の体制をもたらす。こうした第三段階では，社会の大半が賃金生活者で構成されるようになり，人口の都市集中を引き起こす。このことは，自助だけでは自立した生活が維持できない人々の生活問題を広汎に生じさせることを意味している。生活資材を自らの収入によってまかなわなければならない階層が大半となるとき，それは生活のあらゆる局面において，個人主義に代わって社会や国家による集団主義的な対応が求められることを意味する。人々は自由とそれに基づく社会的連帯を通じて，生活の自律を確保するために国家的に編成された公共施策を求めていくようになるのである。一部の人々に偏在する自由と富に対し，圧倒的多数の人々が直面する不自由と貧困の状態を不正義とみなし，それを社会全体で改良していこうとする時代であった。したがって，ただ単に救済の対象で

はなく，自らが社会の不正を是正していくために立ち上がり，社会改良を主張するという運動が始まっていく。労働運動やセツルメント運動（大学生などがスラム地域に移り住み，住民自らが社会改良に主体的に取り組めるように支援する活動）などがその代表例である。これらの動きは，普通選挙の実現による政治的権利の獲得を通じてさらに実質化していくこととなった。労働条件の改善，教育の普及，住環境の改善，公衆衛生や医療，年金など，生活のさまざまな局面において予防的な社会サービスが求められていくのであり，差別的で抑圧的な救貧法の解体は必至であった。先進諸国における諸社会サービスは，すべての人の社会的権利を認めていこうとする普遍性を内包しながらも，国家による帝国主義的な国民統合の手段ともなっていた。国内の労働運動や社会変革の運動が掲げた社会的同権化要求は普遍的な理念であったが，国家の枠組みから自由ではありえなかった。

　日本の現代社会への歩みは，20世紀初頭の日露戦争後から始まる。明治中期の産業革命を経て，この時期から資本主義が独占段階をむかえる。但し，それは都市部を中心とした変化であって，農村部をも巻き込みながら現代化が実質化するのは60年代の高度経済成長を経て70年代前後の時期である。したがって日本の現代は，アジア・太平洋戦争での敗戦（1945〔昭和20〕年）を境にして大きく2つに分かれる。

　日露戦争後に，感化救済事業と称されるあらたな国家的取り組みが始まるが，それは先進諸国との帝国主義競争に伍していくための国民統合という政策でもあった。したがって国民全体を対象として，救貧から防貧，さらには感化・指導・教化へと政策転換をみせはじめる。それは，早熟的に取り組まれていく社会問題への国家的対応策であった。民間の慈善事業も，この時期から都市部を中心に保育事業や労働者の無料宿泊所，職業紹介，隣保事業など防貧的な取り組みを展開するようになる。1929（昭和4）年，長らくその慈恵的制限的な内容が批判されてきた恤救規則に終止符が打たれ，救護法が制定される。救護法は，労働能力を欠く貧困者を対象として市町村の義務救助を定めたものである。1930年代以降の世界的な経済不況と戦時体制への移行が進むなかで，軍事扶助法・母子保護法・医療救護法・戦時災害保護法などが成立する。社会保険につ

いては，戦時下において医療保険制度や年金保険制度などが成立していく。それらは国民を戦争体制に奉仕させる目的で進められたものであり，権利としての普遍的制度ではなく，国家の恩恵による制度であった。社会事業も厚生事業に姿を変え，「人的資源」の確保に協力する方向で国家統制下に組み入れられることとなった。社会保険や「社会事業」が進められていくとしても，それは一人ひとりの自由・自律を認めない社会共同であった。1945年までの現代化への歩みが有したこのゆがみは，敗戦後の再生を待たなければならなかった。

イギリスでは第二次世界大戦中の1942年に「ベヴァリッジ報告」が出され，戦後の国民の生活保障体系，すなわち福祉国家構想が示された。戦後は，社会サービスの個人への対応として，ソーシャルワークを重視するようになっていく。社会保障という集団を対象とする制度と，ソーシャルワークという個別的・専門的支援の方法とは，社会福祉を具体化するための車の両輪となる。それは教育や医療の分野と同様である。ソーシャルワークをいち早く専門的援助技術として注目していくアメリカなど，展開の仕方はそれぞれの国の歴史的背景によって違いを見せるものの，福祉国家への歩みが開始されていく。

日本は1945（昭和20）年の敗戦によって，GHQ（連合国最高司令官総司令部）の指導のもとで天皇制国家が解体され，自由と民主主義の体制へと進みはじめる。日本国憲法の生存権規定（25条）に基づき，無差別平等・国家責任・最低生活保障などを盛り込んだ生活保護法をはじめとして，1960年代にかけて福祉6法が整備される。社会保険制度は1960年代に国民皆保険・皆年金を実現させる。1970年代には，国民の大半が賃金生活者となる社会構造の現代化を背景に，社会福祉はより地域に密着した普遍的な展開を求められるようになる。

ところが，オイルショックを契機とする経済の低成長は，それまでの福祉国家のあり方に見直しを迫る契機となり，イギリスやアメリカは新自由主義を標榜して福祉国家批判の論調を強めていくこととなった。日本でも，同じ論調のもとで社会保障・社会福祉見直しの動きが始まり，受益者負担や民間営利事業の参入，地域社会の私的支援の要請を通じて公的支出の削減を進めていった。1987（昭和62）年には専門職として社会福祉士・介護福祉士の国家資格が実現するが，1990（平成2）年には老人福祉法等の一部を改正する法律を経て，公

的介護保険制度の成立および近年の基礎構造改革による社会福祉法等の制定がある。こうした一連の改革は地方分権化をともない，福祉サービスの質の向上と効率性を求めて社会連帯による支援を掲げ，利用者の選択や契約の自由を実現することが目的であるとされる。

　20世紀世界は二度にわたる世界大戦の後に，国連総会で「世界人権宣言」を採択した。現代社会が獲得してきた人間の基本的権利と，それを実質化するための社会的権利の承認およびその歴史的意義をふまえながら，それを世界共通の基準として各国がその実現に努力することを求めたものである。さらに21世紀は，国家の枠組みをふまえつつも世界規模の編成が課題となっている。こうしたなかで日本の諸改革をみるとき，忘れてはならないのは，現代社会が獲得してきた社会権は，すべての人の自由を実質化する意義をもち，公共責任を通じて保障されるという自覚であろう。

参考文献
池田敬正・池本美和子『日本福祉史講義』高菅出版，2001年
菊池正治・清水教惠他編著『日本社会福祉の歴史　付・史料』ミネルヴァ書房，2003年
高島進『社会福祉の歴史』ミネルヴァ書房，1995年

　　　　　　　　　　　　　　　　　　　　　　　　　　　（池本美和子）

第3節　社会福祉の実践と方法

1　社会福祉システムと社会福祉援助技術

　本来，自然的，共同的である社会システムの機能，その中心は安心の給付，いわゆる安心社会の構築（安心して「生み育てる」「住み続ける」「働き続ける」「健康である」「年を重ねる」）といったことがうまくいかないという現実は，その支援システムである社会福祉の存在や運用を一層重要なものにするとともに，一方でそのあり方や運用に強い疑問や危機感をつくりだしてもいる。

　10年ほど続くこうしたとまどいの間，制度的にも，また運用や機能の面から，急速に姿を変えつつある社会福祉の最近の動きを，供給と需要といった点から整理すると，いくつかの特徴がみえてくる。

　その一つは，それぞれの領域でネットワーク化が進むとともに，供給，需要相互間の交流がきわめて活発になってきていることである。したがって，福祉の動向や機能を説明するのに，開発や調整，マネジメント，さらに計画，共同，参加といった新しい概念が必要とされる。さらに情報化の進展は，相互にわたる新たな資源配置，交流を生み出している。こうした結果，従来の供給・需要体制といった区分で今日の社会福祉をとらえ，整理することはますます困難になってきており，いわゆるボーダレス化が急速に進んでいるともいえる。

　たとえば，障害者領域における思想としてのノーマライゼーションや自立生活運動（ILM）などの進展は，障害者とその家族といった従来の需要側における問題と解決の枠を越えて障害問題の新しいつながりや拡がり，関連をつくりだすとともに，そのことによって改善への新しい可能性をつくりだすことになった。さらにその高まりは，供給側における制度や運用のあり方に大きな変化を求めることになり，解決されるべき多くの基本的課題を抱えてはいるが，今

日の支援費制度の導入にみるような契約型制度への転換をつくりだすことにもなってきた。さらにそうした変容の過程で，需要側の果たす役割は，供給のあり方に関して発言や参加といったことにとどまらず，時にはセルフヘルプ活動や多様なオルターナティブにみられるように，供給の一部を自らで担うといった現実を生みだしている。これは市民のボランティア活動の高揚や，それらに連動する新たなサービスの担い手としてのNPOといった活動の拡がりなどとも同様の流れにあるものということができる。[1]

しかしまた，こうした事態の推移に対する経済システムの反応も早く，財政負担の軽減や公共性の見直し，新しい役割分担，義務の転換などを求め，1990（平成2）年，福祉8法改正やその後，10年にわたる基礎構造改革，年金や医療，さらに高齢者，障害者等，一連の法制度の見直しにみられるように，政治システムを通しての制度改革の動きも激しいものがある。

実は，こうした社会福祉をめぐる急速な変容は，ここで取り上げる社会福祉の実践，そこで用いられる援助技術といったもののあり方にも大きな影響をもたらしている。主として専門援助職によって担われる仕事が，こうした社会福祉の供給と需要における重要な調整機能をもつことを考えれば，援助技術もまた，大きな転換期のなかで，存在意義を問われているということができる。

ここでは，こうした現状を前提とし，まず社会福祉における実践，援助技術の位置づけを，仕事とその道具として整理することを通して明らかにする立場から，社会福祉援助技術の成立に重要な役割をになった欧米を中心にその歩みをたどりながら移り変わりについて検証する。さらに，今日の仕事と援助技術の抱える課題とその展開についてふれる。

2　社会福祉援助技術の成立とその歩み

社会福祉の仕事の成立をどの時点からとみるのかは，援助技術を考えるうえで重要な課題である。

本来，自己の責任の範囲で取り扱われる生活上の困難やその結果としての排除や孤立といった事態に対し，社会が無視や放置することなく，一定の要件と

水準において関心をもち，関与としての行動と介入の仕組みを，つまり社会福祉の原型をつくりだすことになるのは，近代資本主義社会が成立し，いくつかの自由（職業，居住地，結婚など）とそれを前提とした競争と結果の私事化という新しい生活原則による。

そうした事態を放置できないという関心は，慈善という関与行動をつくりだし，その拡がりと組織化のなかから社会事業への萌芽がみられ，そこで働く専任者による仕事とそのなかでの悩みといったことが，自らの仕事の手続きの検討を通して専門的方法の獲得への道を開くことになっていく。

したがって，仕事において使用され，その手続きの主要な道具としての援助技術は，それが今日のような内容をもち得ていないとしても，社会福祉の成立とともにある。

1　社会福祉の成立と社会福祉援助活動の始まり

社会福祉活動の立ち上がりは，中世後，近代資本主義化の最も進んだ，したがってそのもとで個別的な解決を困難にすることで最初に社会的関心と関与をつくりだす生活上の問題である貧困の拡がりがみられたイギリスにみることができる。

1800年代の半ば以後，生活の基本単位でもあった教区において，新しい社会の生活原則の勝者たる人々の間で，成立し始めた市場原則を自らの生活内容の確保に取り入れることのできなかったマイノリティ（主として年齢や健康，性別，人種などによる）に対する慈善といった行動を通して，その改善のための関与が始まることになる。それらの相互組織である慈善組織協会（COS：Charity Organization Society，1867年，ロンドン）における友愛訪問（Friendly visiting）の活動は，まさにこうした社会福祉の仕事における個別援助の原型（それが主なるものとしても，社会福祉の仕事はけっして個別援助だけで成り立っているわけではない）とみることができる。これらはまだ，社会システムの一環といった意味合いが強く，政治システムや経済システムを介する形態をもちえてはいないが援助活動の基本的要素をもったものである。もちろんそれらは，今日的な内容とは随分と違ったものであり，どちらかといえば「賢者の愚者に

対する施し」，仕事としては「救いに値するものであるかの判断をする」といったことが主たる性格のものである。[2]

しかし，こうした活動は，援助をする者が，直接，当事者の暮らしにふれあうこと，その声を聞くこと（訪問し調査し，記録，分類すること）を通して，今日的にみれば不十分ではあっても，以後，現代につながる大きな変化をつくりだす契機になっていく。その最初の試みが，以後，同様の活動が広がったアメリカの，ボルチモア COS で働いていた M. リッチモンドによる個別援助の体系化としてのケースワークの提唱にあることはよく知られるところである。

2　社会福祉援助活動の専門化と展開

M. リッチモンドは自らの体験を通し，同じ「人への援助の科学」である医学や教育学，更生学などに学びながら社会福祉の仕事の道具としての援助技術を，1917年『社会診断』，1922年『ケースワークとは何か』といった著書において体系化し，他者が学び取れる技術に高め，それを契機として大学における社会福祉教育への道を拓くことになる。ここに専任職から専門職への転化（もともとリッチモンドは，ボルチモア COS に1889年，会計補佐として就職し，のち総務主事となった）が始まり，以後，社会福祉援助技術の実際の適用を通した検証と発展がみられることになる。[3]

これ以後，援助技術の発展にはいくつかの転機がある。もともとリッチモンドは，ケースワークの基本機能を「人格の発達による課題の解決」と「社会改良の推進」にあるとし，一方で個人への関与，もう一方で社会的責任の視点と働きかけの双方が必要とした。ところが，これ以後，経済活動の好況さを背景に，自己努力を徳とするアメリカ的な自立的市民像の高まりといった環境のなかで，精神医学や心理学などの影響が強まり，専門援助者たちの社会的関心は急速に薄れ，援助活動の個人的属性への課題還元と，それを支える理論的背景として精神分析をよりどころにして，個人への介入と人間関係の調整技術といった意味合いを強くしていくことになる。

しかし，1950年代後半に入ると，アメリカにおける社会的繁栄のかげり，黒人問題などを中心とするマイノリティの反乱，公民権運動などといったさまざ

まなプロテストの拡がりは，生活困難を生み出す社会の構造的欠陥への関心を再び高めていくことになり，当時の社会福祉の援助のあり方について大きな疑問や不満を顕在化させることになった。

こうしたなかで，「ケースワークは死んだ」や「リッチモンドに帰れ」といった言葉とともに，いま一度，社会的視点や取り組みの復権を求め，社会福祉援助のあり方について大きな転換期を迎えることになる。

3 反省と新しい試み

このころから社会福祉援助技術は，今日につながる大きな変化と事態に直面する。それは，援助の仕組みの施設来所型から地域配達型への移行，つまり「援助提供基地（たとえば施設など）に利用者を集め，濃密度のサービスを専門家の手によって効率よく提供する」といったことから，逆に「コンシューマーテリトリーにおいてサービスの注文を受け，集め，配達する」といった仕組みへの転換と，そうしたなかでの援助関係における利用者，当事者の再発見と共同化といったことの取り込み，内在化である。

したがって，M.リッチモンドがケースワークの科学化において多くの関連科学に学んだように，新たにシステム科学や生態学（エコロジカル）に学びながら，これまでの医学的モデルとして整理されてきた援助システムの生活モデルへの変更とともに，その設計や運用，必要になる修正といったことを，サービス提供者側がほぼ独占してきたことへの反省をふまえ，利用者の参加を求めコラボレイトすることが求められていく。

さらにいま一つは，問題解決過程の見直しとして解決主体の再構成が求められる。従来の援助者 対 利用者が，専門家 対 非専門家といった位置づけであったことに比べ，利用者自身のなかにある潜在的能力や新たな資源といったものを結びつけ，援助過程を「対話」「発見」「開発」としてとらえ直そうとするエンパワーメントといった考え方が提唱されていくことになる。

3 今日の仕事の変化と方法・技術の課題

　すでにみてきたように，今日の社会福祉の仕事とその道具としての援助技術は，歴史的に蓄積されてきたいくつかの質を内在化している。

　この点で，今日における福祉実践や援助の質は，ブラジルの教育学者で識字教育で著名なパウロ・フレイレの次のような指摘とも共通するものをもっている。彼は「人間化の問題への関心」と「存在論的可能性」についてふれながら，「非人間化の実相」の進展のなかで人間化が果たして実現可能であろうかと問いかけつつ，「銀行型理論と実践は静止させ固定化する力であり，人間を歴史的存在として認めさせることができない。課題提起教育の理論と実際は，人間の歴史性を出発の原点とする。課題提起教育は，何ものかになりつつある（becomming）過程の存在として，すなわち，同様に未完成である現実のなかの，現実とともにある未完成で未完了な存在として，人間を肯定する。実際，未完成である歴史をもたない他の動物とは対象的に，人間は自分自身が未完成であることを知っている。かれは自分の不完全さに気づいている。この不完全さとその自覚こそ，人間だけの表現の根がある」。したがって教育活動とは，「それが予言的であり，だからこそ希望にあふれ，人間の歴史的本性に合致する。かくしてそれは人間を，自分自身を乗り越え，前進し，前方を見つめる存在として肯定する」とする。[6]

　人が人を援助する科学として多くの共通項をもつ，教育活動における指摘ではあるが，今日における社会福祉援助活動においても重要な視点だと考えられる。

　こうした点をふまえながら，ここでは社会福祉援助活動に関わっていくつかの点で今日の社会福祉の仕事と援助技術が抱えている課題について整理，検討をしておきたい。

1　時間を軸とした援助技術の過程について

　すでにふれたように，社会福祉の仕事の中軸が「人が人を援助する科学」で

あることを考えれば，その関係をどのように整理するかということは重要な課題になる。この点で，援助過程における援助関係の時間的推移を生活再建の過程のなかで「消私的過程」として整理することは，きわめて重要な今日の援助の活動の側面を形成する。

消私的過程とは，援助の時間的推移のなかで専門援助者とその援助が，増減をみせながらも相対的にはその必要性を減じていく過程として，したがって，一方で利用者自身の生活再建における役割の新たな獲得，確保が増大していく過程としてとらえていくことが必要である。(7)

実はこのことは，福祉労働をはじめとする対人労働の本質にも共通するものであり，すでにふれたように共同過程として利用者との対話，力の発見や開発を重視する今日のエンパワーメント理論の一方の側面を形成するものだということができる。

したがって，その過程においてはいま一つ，古くて新しい課題として「変化」に関わる整理が必要となる。それには2つの側面がある。その一つは，人間発達の課題としての「私が変わる」こと，その中軸は生活能力の強化によって再建の主体を形成すること。いま一つは，「社会が変わる・社会を変える」ことによる，私の再建への支援と，そのための社会システムの形成，つまり生活基盤の整備に関わる社会変革の課題の達成である。

このことは，M.リッチモンド以来の，社会福祉援助活動の歴史に確かな足場を置きながら，絶えず追求されてきた人が「人を援助する科学」としての今日的課題の具体化といった側面をもつものでもある。

2　分野の広がり・変化

いま一つは，社会福祉における領域の急速な拡大や，それを担う参加者の多様化といったことによる，仕事と社会福祉援助の変化である。

従来，社会福祉の政策や制度によって基本的に規定されるサービスの主なるものが，法制度（通知・通達を含む）による縦横な規制を前提としつつも専門援助職の配置とその判断と運用によって担われてきたが，今日においては，それだけで目的の遂行には十分とはいえない現実が生まれている。

国の役割や財政問題を背景としつつ，すでにふれた1990年の社会福祉8法改正によって，福祉サービスの基本基盤の市町村への移行（分権化）と，その後におけるサービスの担い手の混合化（規制緩和）が進められ，1990年代の改革を経て2000年の社会福祉法の制定によって一つの区切りをみせる。その結果，社会福祉として特定化されてきた領域は，一方で関連領域とのネットワーク化やコラボレイトの推進によって，たとえば今日の障害者の就労が福祉から労働行政の課題に拡がり，児童虐待が教育や医療との協力を必須のものとするように福祉を超えた共同・連携が進み，そのもとでまた新しい社会福祉と仕事の課題をつくりだしている。さらに，すでにふれたように領域のボーダレス化とともにその担い手に，新たにこれまで援助の利用者であった当事者やボランティア，さらに介護保険事業以来，社会福祉事業法によって対象事業者規制になっていた企業，特定市民の参加が広く位置づけられてきた。
　こうした変化は，社会福祉の仕事にいくつかの点で大きな変化をつくりだした。その一つは，専門家と非専門家の境界の不確実さや相互協力の推進，新たな参加者，領域とのネットワークの構築やサービスの有効な受注と配達のためのマネジメントの開発，契約制の導入における援助関係の転換，さらにこれまで排除されてきた福祉事業における利益性の追求と専門性の調整，位置づけといったことである。
　こうした点は，これからの社会福祉援助における新たな質を形成するものと思われる。

3　新しいシステムの成立と仕事，方法の展開

　はたして，社会福祉の仕事においてこうした歩みをもつ援助技術は有効に機能しているのか。現実の課題の解決に役立っているのか。しかも，こうした急速な改革の進展や推進に，仕事を通して発言，提案しきれているのか。その検証にはいくつかの層が考えられる。
　その一つは，思想や理念といったレベルにおいて伝えられるべきものが実体として存在するのか。さらに，あるとすればそれが言語化されているのか。されているとした場合，伝えられる方法，たとえば教育や研修といったものが制

度や機会として有効に提供され，運用されているのか。さらに大切なのは，主として専門援助者によって伝えられ身につけられたとして，それが，的確に使用されているのか。またそれを使用する環境としての場，たとえば職場といったものと人の配置が的確に行われ，かつそれらを尊重し活用できる環境や運用になっているのか。いま一つはそうした専門援助者による援助を必要だとし，それを求める社会的理解が育まれているのかといったことである。

すでにみてきたように，社会福祉の仕事とその主なる道具としての社会福祉援助技術は，施しから権利性の獲得を背景にした援助システムの設計や運用，さらに修正といったことに対する共同化（排除の除去）を推し進めてきた。しかし，また一方で，急速な政治システムのつくりだす変容に十分な対応ができず，既存の制度内におけるやりくりに追われるといった傾向も強く存在している。

全国で100万人を超えるといわれる社会福祉援助専門職の仕事を通してみえてくる，安心社会の危機の具体的現実を前に，直接的な援助活動の有効性の開発とともに，一方で，援助専門職としての社会的義務としての発言とシステムづくりへの参加といったことの重要性が問われている。

参考文献
岡村正幸『はじめての相談理論』かもがわ出版，2001年
岡村正幸編著『社会福祉方法原論』法律文化社，1997年
岡村正幸・緒方由紀「障害者福祉の新たな展開」佛教大学通信教育部編『二十一世紀の社会福祉をめざして』ミネルヴァ書房，2001年
高野史郎『イギリス近代社会事業の形成過程』勁草書房，1985年
小松源助他『リッチモンド　ソーシャル・ケースワーク』有斐閣新書，1979年
和気純子「ソーシャルワークの史的展開と展望」植田章・岡村正幸・結城俊哉編『社会福祉方法原論』法律文化社，1997年
パウロ・フレイレ，小沢有作他訳『被抑圧者の教育学』亜紀書房，1979年

（岡村正幸）

第4節　社会福祉をめぐる展開　Ⅰ

1　発達保障と子育て支援

　児童福祉領域における今日的課題の一つは，子育て支援である。1994（平成6）年12月に「エンゼルプラン(1)」が，1999（平成11）年12月には「新エンゼルプラン(2)」が出されたことにより，各自治体は子育て支援施策の具体化を迫られた。当時の厚生省によって打ち出された子育て支援の中心的ねらいは，少子化対策であった。少子化が進めば，高齢化に一層の拍車がかかる。「将来の生産や経済活動を支える子どもをつくっておかなければ，日本の未来はない」ということへの懸念から，少子化に対して効果的な対策を講じることが急務とされた。

　その際，合計特殊出生率(3)低下の主な原因は女性の社会進出にあるととらえられ，女性が結婚し子どもを産んでも働き続けることのできる条件を整えれば，少子化に歯止めがかかると考えられた。その背景には，企業の要請として安価な女性労働力を確保できる条件整備の必要性もあったのではないかとも推察しうる。結果，「延長保育」「夜間保育」「休日保育」「病後保育」等，長時間子どもを保育する体制を整える一方，保育所入所待機児童を解消する条件づくりが急務とされた。そのため，待機児童の多い地域では定員を超える子どもの保育所入所が認められる等，保育条件や内容の低下につながるような規制緩和も実施された。

　しかし，これらの動きに対しては，基本的なところで疑問が生じる。本来，子育て支援の課題は単なる少子化対策であってはならないのではないだろうか。これについては垣内国光，が「少子化対策の本質は"子ども資源論"といえる」とし，「真の育児支援とは子どもを増やすための政策である前に，文字ど

おり，①家庭と母親の完全な子産みの自己決定権保障のソーシャルワークでなければならず，②その内実は子どもが健やかに育つ権利が最優先される施策でなければならない」[4]としていることに注目したい。

　子どもの権利保障といった場合，その中核は発達保障であると理解される。なお，発達保障概念における「発達」とは，単に能力の高次化のみを意味するのではなく，そのことをも含んで，矢川徳光がいうように，「制限からの解放」「自由の拡大」を見通した概念であることを断わっておきたい。[5]

　ところで今日，子どもたちの発達上にはさまざまな問題状況が現れている。その背景要因を分析し，地域や家庭での子育てについて社会的な支援をしていくことが強く求められている。すなわち，「すべての子どもの発達保障をめざした子育て支援」こそが今日的課題であるといえる。また，それを進めていくことが，結果的には「少子化対策」にもなりうるのではないかと考えられる。

　「すべての子どもの発達保障をめざした子育て支援」を実現するためには，児童福祉はつねに教育的視点をもってその役割を果たさなければならない。また，今日の子ども問題をふまえると，教育において子どもの発達保障を実現するためには，生活への視点が欠かせない。本節においては，児童福祉の本来的責務ともいえる「子どもの発達保障」の具体的課題を考察することにより，「教育と連携し発達保障をめざす福祉」「福祉と連携することで発達保障を実現しうる教育」という問題に迫りたいと考える。

2　今日の子ども問題

　ベテランの保育・教育実践者から，「子どもが変わった」「いまの子どもは理解しにくい」「いまの子どもには従来の指導が通用しない」といわれるようになって久しい。

　1970年代初め，マスコミによって「落ちこぼれ」という表現が使用され始め，いわゆる低学力問題と，それに付随して現れる行動上の問題が大きく取り上げられるようになった。その延長線上で1970年代中頃には，中高生を中心に「校内暴力」や「非行」等が増加し，中学校・中学生を中心に「荒れ」という表現

が使われるようになった。また，子どもたちについて，「姿勢が悪い」「運動がぎこちない」「手先が不器用」と指摘され始めたのもこの頃である。日本体育大学体育研究所等の協力を得たNHK「子どものからだ」プロジェクトチームが，全国1000校を対象に子どものからだについてのアンケート調査を行い，その結果を「警告!! 子どものからだは蝕まれている」という番組で紹介したのは1978年のことであった。この放送は，当時大きな反響を得た。

　1980年代に入ると，「いじめ」が大きな社会問題として取り上げられるようになった。「いじめ」を苦に自殺する中学生が相次いだ。それと合わせて「登校拒否」「不登校」も，増加した。当時，70年代の「反社会的」ととらえられる行動に対して，80年代は「非社会的」行動が増え，子どもたちのエネルギーが内化していったとも評された。

　1990年代に入っても，「いじめ」と「不登校」は大きな社会問題であったが，さらに「援助交際」や「覚醒剤」等の組織的犯罪に巻き込まれる青少年の問題も指摘されるようになった。

　90年代後半に入って，小学校では「学級崩壊」といわれる現象が生じ，低学年の問題が拡大するなかで「小1プロブレム」というような用語も使用されるようになった。反社会的行動の低年齢化と広汎化を特徴とする「新しい荒れ」も指摘された。21世紀に入っても，「キレる子ども」「荒れる子ども」は増加していると実感されている。

　さらに今日，子ども達は全体に「幼くなった」といわれている。そして，からだと心の育ちにさまざまな問題状況が現れていることが観察される。からだの問題としては，「姿勢が悪い」「持久力がない」「手先が不器用」「不定愁訴があり体調を崩しやすい」等が指摘されている。心の問題としては，「ストレスに対する耐性が低い」「わがまま」「自己中心的」「すぐにカーッとなる」「自尊感情が弱い」などといわれることが多い。しかし本来，からだと心は別々のものではない。からだの問題が心の問題の根底にあり，関連しながら子どもの状態をつくりだしている。そして，それらのうえに子どもの行動上の問題が生じていると考えられる。したがって，からだと心と行動を統一して把握しながら子どもを理解し，保育・教育の課題を設定しなければならない。

3　今日の子どもを取り巻く状況

　次に，今日の子ども問題，すなわち子どもの発達上の諸問題が生じる背景要因について考察する。

　子ども問題の根底にあるものは，大人と子どもの生活破壊であろうと考えられる。実はそれ以前に，「複合的環境汚染」等により，子どもが健康に生まれ育つことの土壌が生理学的レベルで脅かされているということも十分に考えられるが，本節では，その点についてはひとまず置いておきたい。[8]

　1960年代の高度経済成長とその後のバブル景気，およびバブル経済崩壊後の長期不況のなかで，経済的にも文化的にも，大人と子どもの生活破壊が進行した。国際的に日本人が「エコノミック・アニマル」と呼ばれるようになったなかで，労働者においては，「ジャパニーズ・カローシ」に至るほど過酷な過重労働の実態が続いた。さらに近年では，「リストラ」によって生活の経済基盤が根底から覆される家庭が増えている。中高年のみではなく，30代の若年労働者におけるリストラも増えてきているなか，子育て世代の家庭における経済的生活破壊も進行している。経済を中心とする生活破壊が，直接的にも間接的にも子どもの発達に否定的影響を与えることは否めない。

　さらに，こうした現象は先行きへの不安感を高め，若者や青少年に将来への展望を失わせ，健康な文化を奪っていく。事実，商業ペースの退廃文化が，若者のみならず子どもたちの世界にまで入り込み，浸透している。

　生活破壊のなかで影響を受けるのは，子どもだけではない。大人たちも，「生き難さ」を感じ，大きなストレスを抱えている。そのことは，子育てにも大きな影響を与える。精神的にも肉体的にも余裕をなくした大人たちは，安定した状態で子育てをすることができないでいる。自らのイライラを募らせた大人は，落ち着いて子どもに関わり難いばかりか，イライラを子どもにぶつける場合すらある。今日の生活破壊は，子どもの側に「子育ち困難」を生じさせているのみならず，大人の側に「子育て困難」をも引き起こしているのである。そして，「子育ち困難」と「子育て困難」は関連しあいながら，ますます事態

を悪化させているととらえられる。

　また，この間の経済変動のなかで，基本的な生活様式や生活リズムが急激に変化した。生活リズムは不規則かつ夜型となり，心とからだの健康を脅かしている。そして，そのことは子どもをも巻き込んでいった。従来，成長期の子どもにとってはあたりまえと考えられていた，「早寝・早起きと十分な睡眠」「規則正しい食事」「からだと手を使った豊かな遊び」等は奪われ，これを保障することは，相当に個人的努力を要する状況となった。しかも，子育てをしている大人たちのなかで，そのことに対する問題意識が欠落してしまったことは，今日の子育て事情の大きな問題であるといえる。

　このような「生活破壊」と「生活様式の変化」のうえで，地域と家庭の育児文化が衰退していった。

　「学級崩壊」や子どもの「新しい荒れ」対する責任論は，当初，学級を担任する教師に対して強く向けられ，文部省（当時）は，「研修」の名のもとに，教師に対する管理・統制を強めた。やがて，問題はベテランで教育力のある教師の学級にも現れることがわかり，「『学級崩壊』はどのクラスにも起こりうる現象」ととらえられるようになると，今度は，家庭（親）の責任が問われるようになった。文部省は，家庭教育が改められるべきとし，「家庭教育手帳」「家庭教育ノート」というものを作成して，広く配布した。[9] 厚生省（当時）もこれに呼応するように，「子どもの暮らしを応援する本」という小冊子を発行した。[10]

　しかし，子どもの発達における歪みの原因と背景はきわめて複雑で，社会構造的に生じてきており，一つの要素に還元できるものではない。したがって，「学校（教師）か，家庭（親）か」という対立図式的関係認識に基づいて責任を論ずることは，まったく生産性がない。「子ども問題の責任は家庭にある。親の問題である」とする見方は，一面的であるといわざるをえない。しかし，そのことは家庭の教育力を問題としていないというのではない。家庭を含めて地域全体の教育力が低下し，子どもの健全な生活が脅かされてきていること，そのことが子どもの発達を阻害する大きな要因となっていることは，紛れもない事実であろう。

　先にもふれたが，大人の生活が破壊されてきているなかで，子どもの生活も

大人に合わせさせられている。夜型の生活をする乳幼児が増えてきた。たとえば，深夜のコンビニに幼い子どもを連れた大人が来ていることは珍しくない。カラオケに夜遅くまで連れまわされている乳幼児も多いと聞く。

　また，食生活も乱れてきている。食事時間は不規則になり，その内容もインスタント中心の傾向が強まっているという。保育所・幼稚園・学校では，必ず一定数，朝食抜きの子どもがいるといわれる現実がある。

　育児用品も，たとえば紙オムツやオシャブリのように，子どもの発達に必要というより，大人にとって便利なものや，子どもをおとなしくさせておくためのもので，子どもの発達には好ましくないと思われるものも多く売り出され，よく売れている。

　乳児期からの運動の貧困さも指摘される。十分にハイハイを経験すべき乳児期に，歩行器を使用させられている子どもも多い。(11)住宅事情が良くないこともあり，発達のみちすじのなかでハイハイの運動を飛び越して歩き始める子どもがいる。そのことにより，歩行獲得後の運動発達に歪みが生じやすくなる。そして，歩行を獲得した後には，歩く活動が十分に保障されず，バギーに乗せられている子どもをよく見かける。少し大きくなると自転車を乗り回し，自らの足で走り回る活動は不十分となる。このように，乳児期から運動不足が累積していると思える状況がある。

　親と子どもの関わりにも，問題が生じてきている。地域の結びつきが弱くなっているなかで，親は孤立し，わが子とどのように関わって良いかわからず悩んでいるといわれる。自らの精神的不安定さのために子どもに当たってしまう親もいる。

　子ども同士の遊びも貧弱になってきている。子どもが，親から離れて安心して遊べる場も少なくなった。地域の異年齢集団が破壊されたと指摘されてから，すでに久しい。

　いくつかの例を羅列したが，このように事実として，家庭および地域における子育て文化が衰退してきており，家庭の養育機能は低下しているといわざるをえない。しかし，このことを親の個人的責任に帰することは正しくない。親もまた，これまでの歴史のなかで社会的に形成されてきた存在である。家庭は，

歴史の発展のなかで，しだいにその機能を社会化するものであるといわれている(12)。当然子育ての機能も社会化されていく。したがっていま，社会が家庭の子育てを支援しなければならない。そこに，子育て支援の意味があるといえる。

今日，全国各地で子育て支援のためのさまざまな取り組みが展開されている(13)。行政ばかりではなく，福祉団体や地域住民によるものなど，取り組みの内容・形態は多種多様である。育児を代替することにより親の負担を軽減しようとするもの，子どもに遊びと遊び場を提供するもの，親の仲間づくりを援助するもの，育児についての相談を行うもの等々。

いずれにせよ，児童福祉において中心に据えなければならないのは，まさに「子ども」である。「子育て支援」は「少子化対策」のためではなく「子どもの発達保障」のために追求されるべきなのである。

4　発達保障のための生活保障

先に述べたような子どもの発達上の問題を考えた場合，成長期の子どもに保障しなければならない最低限の具体的課題として，次のようなことが指摘される。①生体リズムに合った規則正しい生活リズムを確立すること，②規則正しく栄養のバランスのとれた食生活を確立すること，③毎日の生活と遊びのなかで全身の粗大運動および手指の微細運動を保障すること（しっかりからだと手を使った活動の保障），④豊かな遊び（人との関係性のなかで声を出して笑うような楽しい活動）の保障，⑤「基本的安全感」の確立と「居場所」の保障等である(14)。

これらは，本来当然のこととして日々の生活のなかで子どもたちに保障されるべきものである。しかし，先にも述べたように，これらのことが子どもの生活のなかでは，すでに当たり前でなくなっている。そこに今日の子ども問題の根があるといえるであろう。

真に健康で文化的な生活の保障が発達保障の必要条件となる。生活基盤そのものが崩れてきているなかで，子どもの発達保障は望めない。単に衣食住が満たされるということだけではなく，「質的に豊かな生活」が子どもに保障され

なければ教育も成り立たないといって良いかもしれない。

　子どもの生活が身体的にも精神的にも安定したものとなるためには，大人の生活保障も不可欠である。子育て世代の労働時間の短縮や安定した経済生活の確保は，子どもの発達保障の基盤となろう。その意味では，子どもの発達保障の土台となるものは，まさに「生活保障」だといえる。生活の豊かさの保障と発達保障は統一的に理解されなければならない。

5　福祉と教育の結合

　子どもの権利保障の中核が発達保障であることを考えるならば，元々児童福祉は，政策的側面においても，ケースワーク・ケアワーク的側面においても，教育的機能を部分的にではあるがつねに内包しているといえる。さらに生活保障と発達保障を統一的に理解した場合，生活保障を中心的役割とする児童福祉は，やはりその役割のなかで，一部教育的機能を果たさなければならない。

　しかし，実際の福祉労働がそれを実践しているかといえば，まだまだ不十分な実態であることは否定できない。もちろん，障害児者施設や保育所等ではそのことを重視した実践が展開されているところもたくさんあるし，福祉施設における実践が，発達保障思想を発展させてきた歴史があるということも事実である。とくに，保育所についていえば，「保育」という用語自体が教育機能を含めた概念であり，保育実践においてもつねにそのことが追求されてきたといってよいであろう。しかし児童福祉全体をみれば，児童福祉施設が生活保障の実践において発達保障の観点を貫いているとは評価しがたい現実がある。事実，保育所や，子どもにとって最後の砦ともいえる児童養護施設のなかでさえ虐待があるという報告がある。その背景には当然，労働条件の劣悪さや制度的貧困さがあると考えられる。しかしそのうえ，福祉労働者の専門性のなかに，発達保障の視点が十分に根づいてこなかったという弱点もあるかもしれない。今後とくに，その役割のなかに教育的機能を部分的に内包している児童福祉領域では，発達保障の視点を貫徹した生活保障実践が求められるといえよう。

　一方，教育もその目的達成のためには，福祉的視点が必要となる。発達上の

さまざまな問題が子どもに生じてきている今日，保育・教育実践者に課せられた役割は非常に大きく重い。その際，今まで述べてきたように，子どもと大人の生活破壊を基盤として子ども問題が生じてきていると考えるならば，保育・教育実践者には地域や家庭における子どもの生活への視点が不可欠となる。

本来，教育実践においては，一人ひとりの子どもを丁寧に理解した対応が求められるが，そのためには，子どもを発達的に深く知ることとあわせて，子どもが育ってきた歴史や，子どもの生活実態および家庭状況を含めた理解をしなければならない。子どもの発達保障のためには，子どもに対する直接の指導とあわせて，家庭（保護者）との連携，場合によってはそこへの支援も必要となるかもしれない。さらに，福祉機関との連携が必要な場合さえも考えられる。最も端的な例は，家庭で虐待を受けている子どもへの対応であろう。子どもが地域や家庭における生活の場で人権侵害を受けていることを放置して，学校教育は成り立たない。児童相談所への通報も教育専門職員には義務づけられているが，状況によっては福祉機関と連携しながら家庭への支援を行う役割を担わなければならない。

教育機能が家庭・家族に対する子育て支援という役割を担うことになれば，一人ひとりの保育・教育実践者の個人的努力に依拠することには限界があり，社会システムの確立が必要となるであろう。単に「福祉労働者が教育的視点を，教育労働者が福祉的視点を」ということだけではなく，機能としての結合を制度として確立していくことが求められる。たとえば，学校にスクールソーシャルワーカー[17]を配置したり，福祉機関に教育専門職を配置したりする等，教育機関と福祉機関との連携・連絡を密にすることを具体化することが求められるのではないだろうか。

このように，子どもの発達保障のために福祉と教育が機能的に結合していくことが，今後の大きな課題であるといえよう。ところで，今日具体化されようとしている「幼保一元化」は，ある意味で福祉と教育の結合ではあるが，その目的が，子どもの発達保障というより，経営の効率化・コスト的合理化にあると考えられる側面が強い。われわれがめざすのは，あくまで子どもを中心にした，「発達保障のための福祉と教育の結合」であることを最後に強調しておき

第4章　福祉教育

たい。

注
（1）　文部省・厚生省・労働省・建設省「今後の子育てに支援のための施策の基本方向について」（エンゼルプラン），1994年12月
（2）　大蔵・文部・厚生・労働・建設・自治6大臣合意「重点的に推進すべき少子化対策の具体的実施計画について」（新エンゼルプラン），1999年12月
（3）　合計特殊出生率とは，1人の女性が生涯に何人の子どもを産むかを示す値をいう。2002年度の合計特殊出生率は1.32と報告されている。
（4）　垣内国光・櫻谷真理子編著『子育て支援の現在』ミネルヴァ書房，2002年，56-57頁
（5）　矢川徳光は，「発達したとは，人間が自分にもっとも身近な環境の制限を脱出した」ということとし，「発達＝解放」と理解した。そのうえで，発達とは「自由への道を上昇してゆくこと，解放をめざして発展すること」「発達とは，制限を脱却すること，自己を変革すること」であるとした。矢川徳光『マルクス主義教育学試論』明治図書，1971年，117, 124頁；矢川徳光『教育とはなにか』新日本出版，1970年，164頁
（6）　正木健雄・野口三千三編『子どものからだは蝕まれている』柏樹社，1979年
（7）　「登校拒否」と「不登校」は，厳密には異なる概念である。前者は，「学校へ行きたい，行かねばならない」と思いながら登校できないでいる状態を指す。身体症状等，神経症的な症状をもつことが多い。後者は，とくに疾病その他の理由はないが「登校していない」という状態を表す用語である。文部科学省が5月1日統計をもとに，毎年8月に発表する数字は，後者である。
（8）　これについては，次のものを参照されたい。
　　　丸山美和子『子どもの発達と子育て・子育て支援』かもがわ出版，2002年
　　　福嶋章『子どもの脳が危ない』ＰＨＰ研究所，2000年
（9）　文部省『家庭教育手帳』『家庭教育ノート――小中学生をもつ保護者へ』大蔵省印刷局1999年
（10）　厚生省『それでいいよ　だいじょうぶ　子どもの暮らしを応援する本』1999年
（11）　ハイハイの必要性と歩行器使用の問題については，以下を参照されたい。
　　　丸山美和子「乳児期の『はいはい』運動の発達に関する研究」東大阪市教育研究所『研究紀要』第90号，1988年
（12）　木田淳子『家族論の地平を開く――競争社会・性別分業・「母性」』あゆみ出版，1994年
（13）　一例として，汐見稔幸監修，上越市こども福祉課『子育てするなら上越市』あ

いゆうぴい，2001年，等があげられる。
(14) これについて，詳しくは以下の文献を参照してほしい。
　　丸山美和子「子どもの発達の歪と保育・教育の今日的課題」『保育の研究』No.17，編集・発行，保育研究所，発売，草土文化，2000年
　　丸山，前掲『子どもの発達と子育て・子育て支援』
(15) 清水寛『発達保障思想の形成』青木書店，1981年
(16) 浅井春夫『子ども虐待の福祉学』小学館，2002年
(17) 全米ソーシャルワーカー協会編，山下英三郎編訳『スクールソーシャルワークとは何か』現代書館，1998年

（丸山美和子）

第5節　社会福祉をめぐる展開　Ⅱ

1　今進みつつある社会福祉とそれをとりまく状況

　21世紀という時代を社会福祉で語るということは，社会福祉が立ち向かうべき問題点とは何かを，時間的経過と方法とをあわせて明らかにしながら，その解決策について議論することであろう。当然ながら，それらは現在の社会福祉の状況をどう認識するかという問いのうえに立つものであり，一つには，1980年代以降進められてきた日本の社会福祉改革の波に目を向けることから始めることができる。二つめには，国際化，情報化，高齢化，地方分権化など，時代の大きな流れを背景にしながら，なおかつ80年代以降の改革の結果，社会福祉の分野にもたらされた課題とそこでの実践を把握したうえでさらなる方向性を提示することが求められるといえよう。

　そこで，本節では，これら2点を社会福祉の変化と拡がりの基軸ととらえていく。またこれらの具体的中身に迫るために，生まれ，育ち，学び，働き，老いるといった生きることをトータルに包摂し，かつ日々の暮しや人と関わる場の拠点である「まち」を取り上げる。まちの概念は幅広く，時代状況にある学際性の高さは，複数の学問分野のみならず実践の領域を超えるものである（しかしそれぞれが意識的につながっていくということには課題を残している）。なにより，多用されるまちづくりという用語は身近である。関係して，都市には，社会経済構造や都市政策から発生する問題もあれば，20世紀からの負の遺産として積み残されグローバルでありローカルな問題もあり，いずれもまちの中に点在している。まちが都市間競争に生き残れるかどうか，さらされていることもまた事実である。まちの中で問題を発見するということ，解決すべき目標や予防的観点を探り，問題の中心にいるあるいはそこに関わる人へ関心を寄

せるということ，これらのプロセスは人々の意識や実践活動，そこに内在する価値を追うことにも通じる。必ずしも社会福祉の輪郭を描くには至らないが，社会福祉の方法をまちの中で明らかにすることと位置づけることの大きなヒントになるであろう。そして，まちと社会福祉をつなぐ意義と意味もまたそこに存在しているに違いない。

1　90年代改革のいま

社会福祉実践への大きな影響として二点とらえることができる。ひとつは1989（平成元）年「今後の社会福祉のありかたについて（意見具申）」と，1998（平成10）年「社会福祉基礎構造改革について（中間まとめ）」である。

前者は，その前段階の福祉の見直しを受けた形で社会福祉の新たな展開を図るための基本的考えとして，①市町村を中心とする在宅福祉の推進，②福祉と保健・医療の連携強化と総合化，③民間福祉サービスの健全育成，④福祉専門職の養成と確保，⑤サービスの総合化・効率化のための福祉情報の体制整備等が打ち出され，法的には社会福祉関係8法の改正が行われた。従来の施設中心の福祉政策の転換が図られ，住み慣れた地域で暮らすための在宅福祉サービスと地域社会やコミュニティづくりが課題となった。

その部門別の具体化は，1989年の「高齢者保健福祉推進十カ年戦略（ゴールドプラン）」の策定以降，1994年に出された「今後の子育て支援のための施策の基本的方向について（エンゼルプラン）」や，1995（平成7）年の「障害者プラン―ノーマライゼーション7カ年戦略」の福祉3プランであり，続く自治体での行政計画の策定と推進が重視されるようになる。その後，社会福祉基礎構造改革にともなう2000（平成12）年の「社会福祉の増進のための社会福祉事業法の一部を改正する等の法律（社会福祉法）」における総合的な地域福祉計画の法制化へとつながっていく。この社会基礎構造改革の主な内容は，①社会福祉サービスの提供・給付制度の措置から契約制度への変更，②地域での総合的支援，③社会福祉分野への民間営利企業の参入，④社会福祉利用の費用負担の変更，⑤質と効率性の向上，⑥福祉文化の創造などがあげられる。そしてその具体化が既述の社会福祉法の制定である。なかでも，とくに福祉サービスに関

する情報提供や利用援助，苦情解決のための相談など，福祉サービスの適切な利用に関する規定が新たに追加され，地域福祉権利擁護事業の推進や社会福祉サービスの苦情解決を目的とした機関の設置が求められるようになった。

そして大きな社会福祉制度とサービスのしくみの変更が，2000（平成12）年の「介護保険制度」，2003年の「障害者福祉の支援費制度」の実施である。こうして今日の社会福祉は，多元的サービス供給のしくみで，選択や契約が強調され自立と自己責任が謳われ，それを補完するものとして是非の論議はあるもののサービスの利用支援や権利擁護の必要性が問われているということになろう。また地域社会や家庭のなかで個人が尊厳をもちながら自らの生活を送ることができるような地域の組織化，福祉組織化が求められている。そこには，公的責任の問題や市場原理と社会的連帯の整理と課題が横たわっている。

社会福祉の運営，組織化，計画化，サービス評価といった社会福祉の今日の課題は，当然のことながら対象者そのものと役割の変更をともなうものであることを忘れてはならない。福祉の対象者がピアとしてサービスの供給者になること，セルフヘルプの重要性，市民が地域で当事者から学ぶ機会の多さ等々，ここに専門家の役割と仕事の変更への要求が表れている。今日の社会福祉の課題に対するソーシャルワークの方法に，「対話」「エンパワーメント」「アドボカシー」「マネジメント」「アカウンタビリティ」「パートナーシップ」「ネットワーク」「開発」などがあげられるが，新たな公共性を問う市民社会のなかでの議論ともあわさった形でまちを舞台に繰り広げられているのである。

2　いくつかの変化——福祉のまちづくりのうつりかわりと参加者の変化

こうして1980年代以降，改革が進められてきたわが国の社会福祉であるが，社会福祉関係法の修正という形で，また国際化，情報化，高齢化などを背景としながら政策・施策の分権化や計画化によりまちづくりの方法も変えてきた。まずは，福祉のまちづくりの視点のうつりかわりについて概略する。

1985（昭和60）年より国庫補助事業として始まった「福祉ボランティアのまちづくり事業（ボラントピア事業）」にみられるように，社会福祉協議会を中心に地域の見守りや福祉活動を行う住民やボランティアの組織化が行われてき

た。また子どもから高齢者まで，障害のある人も暮らしやすい環境づくりとして公共施設や公共交通の整備を目的とした1994（平成6）年の「高齢者，身体障害者等が円滑に利用できる特定建築物の建築の促進に関する法律（ハートビル法）」と2000（平成12）年の「高齢者，身体障害者等の公共交通機関を利用した移動の円滑化の促進に関する法律（交通バリアフリー法）」は，福祉のまちづくり関連の法律である。ハートビル法施行により都道府県での福祉のまちづくり条例の制定が促進された。しかしそれより以前に，福祉のまちづくりに関する初の事業として1973（昭和48）年度から3カ年，「身体障害者福祉モデル都市事業」が人口20万人以上の都市を対象に実施された。これは1970年代から始まった重度障害者の生活圏拡大運動の成果のひとつである。福祉のまちづくりには，ともすれば人材としてのボランティアと環境としての物理的バリアフリーの部分に目的と目標が集約されがちであるが，生活環境の整備は基本としても，地域づくりの要素と重なる部分も多く，住民同士が交流することのできる機会と場の確保，地域防災や防犯といった暮らしのなかの安全や安心，地域経済や産業の活性化，雇用創出など，地域再生の必要性と期待もそこには含まれている。また仕掛けの部分においても，協力体制や実際を担う部分においても，行政，社会福祉協議会や社会福祉法人の施設，市民，ボランティア，NPO，教育・医療機関，企業など，いくつもの役割パターンが考えられる。福祉のまちづくりには横断的な取り組みが必須であるのと同様，まちづくりの拡がりを映す指標には参加の形態が考えられる。ならば福祉の領域にはどのような参加の仕方があるのか。大きく参加型福祉の担い手として位置づけられるのは，サービスの提供など人材や事業として，行政計画や意思決定過程への参画，社会開発などに分けられる。またさらに参加者が多様であることを示す例として，福祉領域に関わる学習者として整理したのが表4-1である。

2 まちの運営としくみ

1 NPOの役割

阪神・淡路大震災のあった1995（平成7）年を人々はボランティア元年と呼

第4章 福祉教育

表4-1 学習ニーズからみた参加者の種類

学習者	想定されるニーズ例
社会福祉領域の専門職をめざす学習者（専門教育を受ける学生，資格取得をめざす人）	○社会福祉全般の知識 ○資格取得（社会福祉士，介護福祉士，精神保健福祉士，社会福祉主事，児童福祉司，介護支援専門員，保育士，ホームヘルパー，生活指導員他）と取得のための知識習得 ○実習（現場を知る）
参加型福祉の担い手 ボランティア講座の受講生 市民事業者 当事者・家族によるサービスやプログラムの提供	○活動の場と必要な知識，態度修得 ○NPO等の市民事業にかかる運営管理の方法 ○制度に関する知識 ○組織としてのネットワークづくり ○当事者・家族による自助活動やサービスの方法と実際 ○市民向けの教育プログラムの開発
福祉サービスの提供者 福祉従事者	○専門技術研修の実施（初級，中級，上級に応じて） ○スーパービジョン，職能団体の活性化（全国，地域） ○事例検討や事例研究，各種調査
自治体職員	○自治体職員の窓口対応など対人サービスの方法・技術 ○各種行政計画，政策立案と実施 ○ケアマネジメント講習，介護審査会などの行政主催の会合 ○コミュニティ活性化と事業委託などのパートナーシップの方法
臨床家，研究者	○臨床の知やケアの本質の探究 ○理論的体系，実践援助の方法，技術の探究 ○価値の解明

（出所）　緒方由紀「高度情報化社会の社会福祉領域における学習ニーズとソーシャルワークの課題」『佛教大学総合研究所紀要』第11号，2004年3月。

び，1998（平成10）年には特定非営利活動促進法（NPO法）が施行され，今やNPO法人数は1万5000を超えた。活動分野が当初は保健・医療・福祉，まちづくり，環境保全，他全部で12分野だったのが，2003（平成15）年度から5分野の増加（情報化，科学技術，経済活性化，職業能力の開発・雇用機会の拡充，消費者保護）を受けて活動の拡がりが期待されている。NPOが一定の社会的

認知を得ることに成功したのは，法の示す不特定かつ多数のものの利益の増進に寄与する活動だからという理由だけではない。

　1点目には，行政には手が出せないあるいは気づかない多様化した住民の個別重要課題に対してNPOがニーズを発掘し対応できることを実際に示したこと。

　2点目は，NPOでは一人ひとりが対等であり，人と人をつなぐことにより個々人が活かされる組織をめざしたこと。

　3点目は，行政を現実に動かしつつあること。

　すでに各自治体は「NPOとの協働」を当然のことのように行政計画や施政方針で打ち出している。要約すれば，NPOのここまでの成果とは，行政依存と行政主導の限界を問い直しからスタートし，新たな社会的価値やしくみに挑戦していると評価できるであろう。しかしながら，まちをつくっていくのはNPOだけではないしNPOが住民の代弁機能としてすべてを果たしえるものでもない。行政の協働の相手は，実は一人ひとりの住民でもある。いったい協働の具体像とは何なのか。それが少し形になったのが，北海道ニセコ町が先駆けとなりその後各地で制定されている「まちづくり基本条例」や「市民参加条例」である。多くは住民投票を認める条文があり，策定に向けて依頼を受けた団体代表ではなく，公募による住民が名乗りをあげている。ここにはローカルルールをどう定めるのかというしくみへの働きかけの一つがある。

2　阪神・淡路大震災の経験と復興からの学び

　冒頭にも述べたが，地域のなかの問題を社会の課題であることを示し，解決に向かう力をいかにつけるか，現実的教訓として学ぶことができるのは阪神・淡路大震災からである。突如人々の暮らしを一変させ，既存の制度やしくみでは対応できない現実に，防災意識の欠如や危機管理の問題，災害弱者をつくりだした構造的脆弱性などが指摘された。まちづくりの復興の難しさは，なにより生活のあらゆる部分の突然の変更と，これまでの個人のつながりや地域コミュニティの関係性が分断されてしまったことにある。避難所から仮設住宅へ移り住み，区画整理によるマンション再建や，被災者優先の復興住宅が建設され

ても、そこには再び住居の変更を余儀なくされただけでなく、二重の住宅ローンを抱えている、仕事を失った、家族や知人を失ったなど、入居者自身の問題がそれぞれに深刻であり、また地域によっては高齢者や単身者の多いお互いを知らないコミュニティが新たに出現した。

　3年5年と復興が進む一方で、個人の生活再建の差は広がり、失業率の高さや孤独死や自殺などの問題も取り上げられた。救援、復旧、復興とうつりかわるまちの姿と変化する被災者のニーズに対し、被災地域がこの10年どのように向き合ってきたか、それはボランティア元年という言葉を生み出しただけではない。たとえば、高齢者や障害者の生きがいしごとづくり、ITを活用した雇用、多言語通訳、高齢者向けのラジオ番組制作、中小店舗支援など多彩なコミュニティビジネスが生まれ、起業のための講座や融資といったサポート体制ができた。個人へのケアにもコミュニティへの支援においても、単に人材だけでなくコーディネートする中間組織の必要性が確認されたといえる。これまで節目ごとに、被災地に存続する問題と復興の成果の検証が、行政、市民団体、研究機関など、それぞれの視点で取り組まれている。それは報告書やシンポジウムなどで広く公開されており、単に被災地域の出来事ではなく、多くにまちのしくみや運営について理解を深め、自ら議論に加わる機会がそこでは提供されていることにも注目したい。

　また震災の経験と復興からの教訓は国内のみならず国外に向けて災害対策に関する実践的な人材を育成することにも力を注いでおり、国連防災・人道支援の拠点形成のための取り組みを行っている。[5]

3　いくつかの課題

　ここまで、福祉の改革の流れとあわせ、まちづくりの視点からまちでおこっている変化を部分的ながら取り上げた。最後にまちの中で課題となる社会福祉の展開について2点あげてみたい。

　一つは、地方分権の流れのなか、新たな枠組みの変更が起こっており、福祉にきわめて強いインパクトを与えるものと思われる点である。合併推進の財政措置がとられるなか全国各地で市町村合併の動きが進行中で、合併が現実にな

れば従来の市町村から広域化，拡大化された地域圏での社会福祉サービスのあり方が考えられなければならない。また2003（平成15）年に出された第27次地方制度調査会の答申で「地域自治組織」という枠組みが提案されている。そのなかでは，法律で定める事項は最小限にとどめ，地域の自主性や住民の意向を反映させる機能と，地域における公私協働の場として地域協議会（仮称）をおくという具体案も示されている。このような市町村の枠組みの変化に対応できる社会福祉とは，いわば対応できる福祉コミュニティの構築ということになろう。

関連して二つめに，阪神・淡路大震災の復興過程でも発生した，生活の格差や社会的孤立といった，まちの中で起こっている問題への福祉側からの焦点化である。ソーシャルインクルージョン[6]の概念とは，社会福祉の利用者を社会的なつながりの側面からとらえなおそうとの提案をこめたものであるが，ならば社会的に排除されている人をつくらないために，社会福祉はこれまでの固有の方法とともに新たに何ができるのかということである。まちの中では，これまでみてきたように，NPOやコミュニティビジネスなど人材を含む地域内の資源を使い地域の課題を解決する事業体をつくりだしてきた。また新たにソーシャルエンタープライズとして，社会的排除の解消をめざす非営利の事業体も登場している。こうした動きは従来の日本型ボランティアを否定するものではなく，「公」と「私」をつなぎ，「共助や協働」の連携のパターンを模索する新しいしくみの理念的提案と受けとめることができる。だからこそ住民参加，情報公開，行政評価など地域にある具体的に形にしていかなければならないいくつもの課題に，社会福祉が果たすべき役割も確実に存在しているということである。社会福祉が方法として人に問うだけでなく，まちの中で社会福祉の機能や運営をどう行うのか。さらにそれらをいかにつなぐか，あるいはどのようなつながりがあるか，についても新しい福祉の方法・提案が求められているのである。

注
（１）　福祉３プランを受け1990年の福祉８法改正により地方自治体の老人福祉計画策

定が義務づけられた。基礎自治体による策定を推進するためには，国や都道府県からの経済的技術的支援に加え，基礎自治体側には数値目標の設定，保健福祉だけでない住宅・建築，移動交通，雇用，国際交流，教育，文化活動など，横断的で総合的な計画内容，策定過程における住民の参画形態などが課題であり，この実質化こそが行政と住民の協働の一つのパターンをつくることになる。
（2）　物理的な障壁をなくすという視点は，デジタルディバイドの解消など情報バリアフリーの点からの認識も高まっている。たとえば，2002（平成14）年に出された障害者基本計画のなかで情報バリアフリーの推進を掲げているほか，総務省の「みんなのウェブ～ウェブアクセシビリティ実証実験」や，経済産業省，総務省双方のアクセシビリティ指針のJIS化の動きなど。
（3）　緒方由紀「社会福祉領域における市民参加①」『ひょうご自治2001　6月号』兵庫県自治協会
（4）　この時期ボランティア活動が一躍，社会的に注目されたが，その背景には，それまでの10年近くにわたる市民活動や，それを担う組織としての発展があり，また企業の社会的貢献との関係づくりがあったことを山岡は指摘している。
　　　山岡義典「ボランタリーな活動の歴史的背景」内海成治・入江幸男・水野義之編『ボランティア学を学ぶ人のために』世界思想社，1999年
　　　確かに，1998年の特定非営利活動促進法の制定には，法的整備が必要であるとの提言が被災地域のみならず，それまでに各方面で繰り返しなされ法の成立に向けて基盤づくりとなる前提があった。
（5）　たとえば，兵庫県の人と防災未来センターでは，政府関係機関や地方自治体職員等を対象として災害対策専門研修の実施やイラン北西部地震やトルコ北西部大地震の復興状況調査に研究員を派遣したり，海外からの研修員を受け入れたりしている。あるいは民間レベルでは，震災遺児のケアを目的としたあしなが育英会・神戸レインボーハウスの活動がある。
　　　同会ではアフリカ・ウガンダ共和国にエイズで親を亡くした子どもたちの心のケア拠点となる「ウガンダ・レインボーハウス」を現地のマクレレ大学と協力し開設し，神戸レインボーハウスのスタッフが心のケアプログラムを実践している。
（6）　平成12年「社会的援護を要する人々に対する社会福祉のありかたに関する検討会」報告書。

　　　　　　　　　　　　　　　　　　　　　　　　　　　（緒方由紀）

資 料 編

小学校学習指導要領（抜粋）
（平成10年12月14日文部省告示）

第1章　総　則
第1　教育課程編成の一般方針

1　各学校においては、法令及びこの章以下に示すところに従い、児童の人間として調和のとれた育成を目指し、地域や学校の実態及び児童の心身の発達段階や特性を十分考慮して、適切な教育課程を編成するものとする。

学校の教育活動を進めるに当たっては、各学校において、児童に生きる力をはぐくむことを目指し、創意工夫を生かし特色ある教育活動を展開する中で、自ら学び自ら考える力の育成を図るとともに、基礎的・基本的な内容の確実な定着を図り、個性を生かす教育の充実に努めなければならない。

2　学校における道徳教育は、学校の教育活動全体を通じて行うものであり、道徳の時間をはじめとして各教科、特別活動及び総合的な学習の時間のそれぞれの特質に応じて適切な指導を行わなければならない。

道徳教育は、教育基本法及び学校教育法に定められた教育の根本精神に基づき、人間尊重の精神と生命に対する畏敬の念を家庭、学校、その他社会における具体的な生活の中に生かし、豊かな心をもち、個性豊かな文化の創造と民主的な社会及び国家の発展に努め、進んで平和的な国際社会に貢献し未来を拓く主体性のある日本人を育成するため、その基盤としての道徳性を養うことを目標とする。

道徳教育を進めるに当たっては、教師と児童及び児童相互の人間関係を深めるとともに、家庭や地域社会との連携を図りながら、ボランティア活動や自然体験活動などの豊かな体験を通して児童の内面に根ざした道徳性の育成が図られるよう配慮しなければならない。

3　学校における体育・健康に関する指導は、学校の教育活動全体を通じて適切に行うものとする。特に、体力の向上及び心身の健康の保持増進に関する指導については、体育科の時間はもとより、特別活動などにおいてもそれぞれの特質に応じて適切に行うよう努めることとする。

また、それらの指導を通して、家庭や地域社会との連携を図りながら、日常生活において適切な体育・健康に関する活動の実践を促し、生涯を通じて健康・安全で活力ある生活を送るための基礎が培われるよう配慮しなければならない。

第2　内容等の取扱いに関する共通的事項

1　第2章以下に示す各教科、道徳及び特別活動の内容に関する事項は、特に示す場合を除き、いずれの学校においても取り扱わなければならない。

学校において特に必要がある場合には、第2章以下に示していない内容を加えて指導することもできるが、その場合には、第2章以下に示す各教科、道徳、特別活動及び各学年の目標や内容の趣旨を逸脱したり、児童の負担過重となったりすることのないようにしなければならない。

2　第2章以下に示す各教科、道徳、特別活動及び各学年の内容に掲げる事項の順序は、特に示す場合を除き、指導の順序を示すものではないので、学校においては、その取扱いについて適切な工夫を加えるものとする。

3　学年の目標及び内容を2学年まとめて示した教科の内容は、2学年間かけて指導する事項を示したものである。各学校においては、これらの事項を地域や学校及び児童の実態に応じ、2学年間を見通して計画的に指導することとし、特に示す場合を除き、いずれかの学年に分けて指導したり、いずれの学年においても指導したりするものとする。

4　学校において2以上の学年の児童で編制する学級について特に必要がある場合には、各教科及び道徳の目標の達成に支障のない範囲内で、各教科及び道徳の目標及び内容について学年別の順序によらないことができる。

第3　総合的な学習の時間の取扱い

1　総合的な学習の時間においては、各学校は、地域や学校、児童の実態等に応じて、横断的・総合的な学習や児童の興味・関心等に基づく学習など創意工夫を生かした教育活動を行うものとする。

2　総合的な学習の時間においては、次のようなねらいをもって指導を行うものとする。

(1)　自ら課題を見付け、自ら学び、自ら考え、

主体的に判断し，よりよく問題を解決する資質や能力を育てること。
(2) 学び方やものの考え方を身に付け，問題の解決や探究活動に主体的，創造的に取り組む態度を育て，自己の生き方を考えることができるようにすること。
3 各学校においては，2に示すねらいを踏まえ，例えば国際理解，情報，環境，福祉・健康などの横断的・総合的な課題，児童の興味・関心に基づく課題，地域や学校の特色に応じた課題などについて，学校の実態に応じた学習活動を行うものとする。
4 各学校における総合的な学習の時間の名称については，各学校において適切に定めるものとする。
5 総合的な学習の時間の学習活動を行うに当たっては，次の事項に配慮するものとする。
(1) 自然体験やボランティア活動などの社会体験，観察・実験，見学や調査，発表や討論，ものづくりや生産活動など体験的な学習，問題解決的な学習を積極的に取り入れること。
(2) グループ学習や異年齢集団による学習などの多様な学習形態，地域の人々の協力も得つつ全教師が一体となって指導に当たるなどの指導体制，地域の教材や学習環境の積極的な活用などについて工夫すること。
(3) 国際理解に関する学習の一環としての外国語会話等を行うときは，学校の実態等に応じ，児童が外国語に触れたり，外国の生活や文化などに慣れ親しんだりするなど小学校段階にふさわしい体験的な学習が行われるようにすること。

第4 授業時数等の取扱い
1 各教科，道徳，特別活動及び総合的な学習の時間（以下「各教科等」という。ただし，1及び3において，特別活動については学級活動（学校給食に係るものを除く。）に限る。）の授業は，年間35週（第1学年については34週）以上にわたって行うよう計画し，週当たりの授業時数が児童の負担過重にならないようにするものとする。ただし，各教科等や学習活動の特質に応じ効果的な場合には，これらの授業を特定の期間に行うことができる。なお，給食，休憩などの時間については，学校において工夫を加え，適切に定めるものとする。
2 特別活動の授業のうち，児童会活動，クラブ活動及び学校行事については，それらの内容に応じ，年間，学期ごと，月ごとなどに適切な授業時数を充てるものとする。
3 各教科等のそれぞれの授業の1単位時間は，各学校において，各教科等の年間授業時数を確保しつつ，児童の発達段階及び各教科等や学習活動の特質を考慮して適切に定めるものとする。
4 各学校においては，地域や学校及び児童の実態，各教科等や学習活動の特質等に応じて，創意工夫を生かし時間割を弾力的に編成することに配慮するものとする。

第5 指導計画の作成等に当たって配慮すべき事項
1 各学校においては，次の事項に配慮しながら，学校の創意工夫を生かし，全体として，調和のとれた具体的な指導計画を作成するものとする。
(1) 各教科等及び各学年相互間の関連を図り，系統的，発展的な指導ができるようにすること。
(2) 学年の目標及び内容を2学年まとめて示した教科については，当該学年間を見通して，地域や学校及び児童の実態に応じ，児童の発達段階を考慮しつつ，効果的，段階的に指導するようにすること。
(3) 各教科の各学年の指導内容については，そのまとめ方や重点の置き方に適切な工夫を加えるとともに，教材等の精選を図り，効果的な指導ができるようにすること。
(4) 児童の実態等を考慮し，指導の効果を高めるため，合科的・関連的な指導を進めること。
2 以上のほか，次の事項に配慮するものとする。
(1) 学校生活全体を通して，言語に対する関心や理解を深め，言語環境を整え，児童の言語活動が適正に行われるようにすること。
(2) 各教科等の指導に当たっては，体験的な学習や問題解決的な学習を重視するとともに，児童の興味・関心を生かし，自主的，自発的な学習が促されるよう工夫すること。
(3) 日ごろから学級経営の充実を図り，教師と児童の信頼関係及び児童相互の好ましい人間関係を育てるとともに児童理解を深め，生徒指導の充実を図ること。
(4) 各教科等の指導に当たっては，児童が学習課題や活動を選択したり，自らの将来について考えたりする機会を設けるなど工夫すること。

(5) 各教科等の指導に当たっては、児童が学習内容を確実に身に付けることができるよう、学校や児童の実態に応じ、個別指導やグループ別指導、繰り返し指導、教師の協力的な指導など指導方法や指導体制を工夫改善し、個に応じた指導の充実を図ること。
(6) 障害のある児童などについては、児童の実態に応じ、指導内容や指導方法を工夫すること。特に、特殊学級又は通級による指導については、教師間の連携に努め、効果的な指導を行うこと。
(7) 海外から帰国した児童などについては、学校生活への適応を図るとともに、外国における生活経験を生かすなど適切な指導を行うこと。
(8) 各教科等の指導に当たっては、児童がコンピュータや情報通信ネットワークなどの情報手段に慣れ親しみ、適切に活用する学習活動を充実するとともに、視聴覚教材や教育機器などの教材・教具の適切な活用を図ること。
(9) 学校図書館を計画的に利用しその機能の活用を図り、児童の主体的、意欲的な学習活動や読書活動を充実すること。
(10) 児童のよい点や進歩の状況などを積極的に評価するとともに、指導の過程や成果を評価し、指導の改善を行い学習意欲の向上に生かすようにすること。
(11) 開かれた学校づくりを進めるため、地域や学校の実態等に応じ、家庭や地域の人々の協力を得るなど家庭や地域社会との連携を深めること。また、小学校間や幼稚園、中学校、盲学校、聾学校及び養護学校などとの間の連携や交流を図るとともに、障害のある幼児児童生徒や高齢者などとの交流の機会を設けること。

中学校学習指導要領（抜粋）

（平成10年12月14日文部省告示）

第1章　総　則
第4　総合的な学習の時間の取扱い

1　総合的な学習の時間においては、各学校は、地域や学校、生徒の実態等に応じて、横断的・総合的な学習や生徒の興味・関心等に基づく学習など創意工夫を生かした教育活動を行うものとする。
2　総合的な学習の時間においては、次のようなねらいをもって指導を行うものとする。
(1) 自ら課題を見付け、自ら学び、自ら考え、主体的に判断し、よりよく問題を解決する資質や能力を育てること。
(2) 学び方やものの考え方を身に付け、問題の解決や探究活動に主体的、創造的に取り組む態度を育て、自己の生き方を考えることができるようにすること。
3　各学校においては、2に示すねらいを踏まえ、例えば国際理解、情報、環境、福祉・健康などの横断的・総合的な課題、生徒の興味・関心に基づく課題、地域や学校の特色に応じた課題などについて、学校の実態に応じた学習活動を行うものとする。
4　各学校における総合的な学習の時間の名称については、各学校において適切に定めるものとする。
5　総合的な学習の時間の学習活動を行うに当たっては、次の事項に配慮するものとする。
(1) 自然体験やボランティア活動などの社会体験、観察・実験、見学や調査、発表や討論、ものづくりや生産活動など体験的な学習、問題解決的な学習を積極的に取り入れること。
(2) グループ学習や異年齢集団による学習などの多様な学習形態、地域の人々の協力も得つつ全教師が一体となって指導に当たるなどの指導体制、地域の教材や学習環境の積極的な活用について工夫すること。

第5　授業時数等の取扱い

1　各教科、道徳、特別活動及び総合的な学習の時間（以下「各教科等」という。ただし、1及び3において、特別活動については学級活動（学校給食に係るものを除く。）に限る。）の授業は、年間35週以上にわたって行うよう計画し、週当たりの授業時数が生徒の負担過重にならないようにするものとする。ただし、各教科等（特別活動を除く。）や学習活動の特質に応じ効果的な場合には、これらの授業を特定の期間に行うことができる。なお、給食、休憩などの時間については、学校において工夫を加え、適切に定めるものとする。
2　特別活動の授業のうち、生徒会活動及び学校行事については、それらの内容に応じ、年間、学期ごと、月ごとなどに適切な授業時数を充てるものとする。
3　各教科等のそれぞれの授業の1単位時間は、各学校において、各教科等の年間授業時数を確

保しつつ,生徒の発達段階及び各教科等や学習活動の特質を考慮して適切に定めるものとする。

第6　指導計画の作成等に当たって配慮すべき事項
1　各学校においては,次の事項に配慮しながら,学校の創意工夫を生かし,全体として,調和のとれた具体的な指導計画を作成するものとする。
(1)　各教科等及び各学年相互間の関連を図り,系統的,発展的な指導ができるようにすること。
(2)　各教科の各学年,各分野又は各言語の指導内容については,そのまとめ方や重点の置き方に適切な工夫を加えるとともに,教材等の精選を図り,効果的な指導ができるようにすること。
2　以上のほか,次の事項に配慮するものとする。
(1)　学校生活全体を通して,言語に対する関心や理解を深め,言語環境を整え,生徒の言語活動が適正に行われるようにすること。
(2)　各教科等の指導に当たっては,体験的な学習や問題解決的な学習を重視するとともに,生徒の興味・関心を生かし,自主的,自発的な学習が促されるよう工夫すること。
(3)　教師と生徒の信頼関係及び生徒相互の好ましい人間関係を育てるとともに生徒理解を深め,生徒が自主的に判断し,行動し積極的に自己を生かしていくことができるよう,生徒指導の充実を図ること。
(4)　生徒が自らの生き方を考え主体的に進路を選択することができるよう,学校の教育活動全体を通じ,計画的,組織的な進路指導を行うこと。
(5)　生徒が学校や学級での生活によりよく適応するとともに,現在及び将来の生き方を考え行動する態度や能力を育成することができるよう,学校の教育活動全体を通じ,ガイダンスの機能の充実を図ること。
(6)　各教科等の指導に当たっては,生徒が学習内容を確実に身に付けることができるよう,学校や生徒の実態に応じ,個別指導やグループ別指導,学習内容の習熟の程度に応じた指導,教師の協力的な指導など指導方法や指導体制を工夫改善し,個に応じた指導の充実を図ること。
(7)　障害のある生徒などについては,生徒の実態に応じ,指導内容や指導方法を工夫すること。特に,特殊学級又は通級による指導については,教師間の連携に努め,効果的な指導を行うこと。
(8)　海外から帰国した生徒などについては,学校生活への適応を図るとともに,外国における生活経験を生かすなど適切な指導を行うこと。
(9)　各教科等の指導に当たっては,生徒がコンピュータや情報通信ネットワークなどの情報手段を積極的に活用できるようにするための学習活動の充実に努めるとともに,視聴覚教材や教育機器などの教材・教具の適切な活用を図ること。
(10)　学校図書館を計画的に利用しその機能の活用を図り,生徒の主体的,意欲的な学習活動や読書活動を充実すること。
(11)　生徒のよい点や進歩の状況などを積極的に評価するとともに,指導の過程や成果を評価し,指導の改善を行い学習意欲の向上に生かすようにすること。
(12)　開かれた学校づくりを進めるため,地域や学校の実態等に応じ,家庭や地域の人々の協力を得るなど家庭や地域社会との連携を深めること。また,中学校間や小学校,高等学校,盲学校,聾学校及び養護学校などとの間の連携や交流を図るとともに,障害のある幼児児童生徒や高齢者などとの交流の機会を設けること。

高等学校学習指導要領（抜粋）

（平成11年3月29日文部省告示）

第1章　総　則
第4款　総合的な学習の時間
1　総合的な学習の時間においては,各学校は,地域や学校,生徒の実態等に応じて,横断的・総合的な学習や生徒の興味・関心等に基づく学習など創意工夫を生かした教育活動を行うものとする。
2　総合的な学習の時間においては,次のようなねらいをもって指導を行うものとする。
(1)　自ら課題を見付け,自ら学び,自ら考え,主体的に判断し,よりよく問題を解決する資質や能力を育てること。
(2)　学び方やものの考え方を身に付け,問題の解決や探究活動に主体的,創造的に取り組む

態度を育て，自己の在り方生き方を考えることができるようにすること。
3　各学校においては，上記2に示すねらいを踏まえ，地域や学校の特色，生徒の特性等に応じ，例えば，次のような学習活動などを行うものとする。
ア　国際理解，情報，環境，福祉・健康などの横断的・総合的な課題についての学習活動
イ　生徒が興味・関心，進路等に応じて設定した課題について，知識や技能の深化，総合化を図る学習活動
ウ　自己の在り方生き方や進路について考察する学習活動
4　各学校における総合的な学習の時間の名称については，各学校において適切に定めるものとする。
5　総合的な学習の時間の学習活動を行うに当たっては，次の事項に配慮するものとする。
(1)　自然体験やボランティア活動，就業体験などの社会体験，観察・実験・実習，調査・研究，発表や討論，ものづくりや生産活動など体験的な学習，問題解決的な学習を積極的に取り入れること。
(2)　グループ学習や個人研究などの多様な学習形態，地域の人々の協力も得つつ全教師が一体となって指導に当たるなどの指導体制，地域の教材や学習環境の積極的な活用などについて工夫すること。
(3)　総合学科においては，総合的な学習の時間における学習活動として，原則として上記3のイに示す活動を含めること。
6　職業教育を主とする学科においては，総合的な学習の時間における学習活動により，農業，工業，商業，水産，家庭若しくは情報の各教科に属する「課題研究」，「看護臨床実習」又は「社会福祉演習」(以下この項において「課題研究等」という。)の履修と同様の成果が期待できる場合においては，総合的な学習の時間における学習活動をもって課題研究等の履修の一部又は全部に替えることができる。また，課題研究等の履修により，総合的な学習の時間における学習活動と同様の成果が期待できる場合においては，課題研究等の履修をもって総合的な学習の時間における学習活動の一部又は全部に替えることができる。

第5款　各教科・科目，特別活動及び総合的な学習の時間の授業時数等
1　全日制の課程における各教科・科目，ホームルーム活動の授業は，年間35週行うことを標準とし，必要がある場合には，各教科・科目の授業を特定の学期又は期間に行うことができる。
2　全日制の課程(単位制による課程を除く。)における週当たりの授業時数は，30単位時間を標準とする。
3　定時制の課程における授業日数の季節的配分又は週若しくは1日当たりの授業時数については，生徒の勤労状況と地域の諸事情等を考慮して，適切に定めるものとする。
4　ホームルーム活動の授業時数については，原則として，年間35単位時間以上とするものとする。
5　定時制の課程において，特別の事情がある場合には，ホームルーム活動の授業時数の一部を減ずることができる。
6　生徒会活動及び学校行事については，学校の実態に応じて，それぞれ適切な授業時数を充てるものとする。
7　総合的な学習の時間の授業時数については，卒業までに105～210単位時間を標準とし，各学校において，学校や生徒の実態に応じて，適切に配当するものとする。
8　各教科・科目，特別活動及び総合的な学習の時間(以下「各教科・科目等」という。)のそれぞれの授業の1単位時間は，各学校において，各教科・科目等の授業時数を確保しつつ，生徒の実態及び各教科・科目等の特質を考慮して適切に定めるものとする。

執筆者紹介（執筆順）

田中圭治郎（たなか・けいじろう）佛教大学教育学部教授，編著者，第1章第1節，第4節

田中　潤一（たなか・じゅんいち）札幌大谷大学短期大学部講師，第1章第2節，第3節

山内　乾史（やまのうち・けんし）神戸大学大学教育推進機構／大学院国際協力研究科教授，第1章第5節

原　　清治（はら・きよはる）佛教大学教育学部教授，第2章第1節，第2節

藤田　智之（ふじた・ともゆき）京都教育大学附属京都小・中学校，第2章第3節

黒田　恭史（くろだ・やすふみ）佛教大学教育学部准教授，第2章第4節，第5節

藤本　秀弘（ふじもと・ひでひろ）山門水源の森を次の世代に引き継ぐ会，第3章第1節，第2節

山本　幹彦（やまもと・みきひこ）NPO法人当別エコロジカルコミュニティー，第3章第3節，第4節

朴　　光駿（ぱく・くわんじゅん）佛教大学社会福祉学部教授，第4章第1節

池本美和子（いけもと・みわこ）佛教大学社会福祉学部教授，第4章第2節

岡村　正幸（おかむら・まさゆき）佛教大学社会福祉学部教授，第4章第3節

丸山美和子（まるやま・みわこ）佛教大学社会福祉学部教授，第4章第4節

緒方　由紀（おがた・ゆき）佛教大学社会福祉学部准教授，第4章第5節

教職論 [第2版]
―――――――――――――――――――――― 教職問題研究会編

●教員を志すすべてのひとへ　教職免許法改正に伴い新しく設置された必修科目「教職の意義等に関する科目」の教科書。教職と教職をめぐる組織・制度・環境を体系立ててわかりやすく解説した，教職志望者および現場教員にも必読の一冊。

これからの教師と学校のための教科外教育の理論と実践Q&A
―――――――――――――――――――――― 教職問題研究会編

●教員免許取得のための必修科目新基準「教職に関する科目：生徒指導，教育相談，進路指導等に関する科目（小・中・高）」について，Q&Aでわかりやすく解説。現場教員にも有用な一冊。

環境教育への招待
―――――――――――― 川嶋宗継・市川智史・今村光章編著

●環境教育の指導者育成，とりわけ「総合的な学習の時間」を担う教員の養成において，講義・演習等で使用できるスタンダードな教科書。現場教員にとっても有用な一冊。

新しい学びをひらく総合学習
―――――――――――――――― 片上宗二・木原俊行編著

●情報が先行し，多くの授業・事例紹介がなされている「総合的な学習の時間」。本書では先進校の事例を移植するだけでおわらない「総合学習」のめざすものを見据えた独自の授業づくり・学校づくりのプロセスを解説する。

教育の方法
―――――――――――――――― 山下政俊・湯浅恭正編著

●明日の学びを演出する　21世紀の新しい教育の目的に沿った新しい教育方法と技術についてわかりやすく解説する。これまでの教育方法を問い直し，新しい授業・学びと，これからの学びを支えるシステムや教師・指導者のあり方を提示する。

――― ミネルヴァ書房 ―――

http://www.minervashobo.co.jp/

編著者略歴

田中圭治郎（たなか・けいじろう）
1942年　大阪市生まれ。
1971年　京都大学大学院教育学研究科博士課程単位取得。
現　在　佛教大学教育学部教授
著　書　『比較教育学の基礎』（ナカニシヤ出版，2004年），『教育における文化的多元主義の研究』（ナカニシヤ出版，2000年），『多文化教育の世界的潮流』（ナカニシヤ出版，1996年），『教育における文化的同化』（本邦書籍，1985年），『21世紀を展望する教育』（共著，晃洋書房，1994年），『国際化社会の教育』（共著，昭和堂，1989年），『教育と福祉の統合』（共著，ミネルヴァ書房，1986年），『教育学の根本問題』（共著，ミネルヴァ書房，2006年）ほか。

佛教大学教育学叢書
総合演習の基礎

2004年5月15日　初版第1刷発行　　　検印廃止
2010年3月30日　初版第2刷発行

定価はカバーに表示しています

編著者　田中圭治郎
発行者　杉田啓三
印刷者　中村知史

発行所　株式会社　ミネルヴァ書房
607-8494　京都市山科区日ノ岡堤谷町1
電話 075-581-5191／振替 01020-0-8076

© 田中圭治郎ほか, 2004　　　中村印刷・藤沢製本

ISBN978-4-623-04058-2
Printed in Japan